１０４

臺北市復興北路三八六號

三民書局股份有限公司收

姓名：

性別：☐男 ☐女

出生年月日：西元　　年　　月　　日

地址：

電話：（宅）　　　　　（公）

E-mail：

知識使你更有活力・閱讀使妳更有魅力
三民書局／東大圖書讀者回函卡

感謝您購買本公司出版之書籍,請您填寫此張回函後,以傳真或郵寄回覆,本公司將不定期寄贈各項新書資訊,謝謝!

職業:＿＿＿＿＿＿＿＿　教育程度:＿＿＿＿＿＿＿＿

購買書名:＿＿＿＿＿＿＿＿

購買地點:□書店:＿＿＿＿＿＿　□網路書店:＿＿＿＿＿
　　　　　□郵購(劃撥、傳真)　□其他:＿＿＿＿＿＿＿

您從何處得知本書?□書店　□報章雜誌　□網路
　　　　　　　　　□廣播電視　□親友介紹　□其他

您對本書的評價:　　極佳　　佳　　普通　　差　　極差
　　　　　封面設計　□　　□　　□　　□　　□
　　　　　版面安排　□　　□　　□　　□　　□
　　　　　文章內容　□　　□　　□　　□　　□
　　　　　印刷品質　□　　□　　□　　□　　□
　　　　　價格訂定　□　　□　　□　　□　　□

您的閱讀喜好:□法政外交　□商管財經　□哲學宗教
　　　　　　　□電腦理工　□文學語文　□社會心理
　　　　　　　□休閒娛樂　□傳播藝術　□史地傳記
　　　　　　　□其他

有話要說:＿＿＿＿＿＿＿＿＿＿＿＿＿＿＿＿＿＿＿

(若有缺頁、破損、裝訂錯誤,請寄回更換)

復北店:台北市復興北路386號　TEL:(02)2500-6600
重南店:台北市重慶南路一段61號　TEL:(02)2361-7511
網路書店位址:http://www.sanmin.com.tw

5

疾病終結者

——中國早期的道教醫學

林富士　著

晉葛洪

三民書局

國家圖書館出版品預行編目資料

疾病終結者:中國早期的道教醫學 / 林富士著.－
－初版二刷.－－臺北市；三民，2003
　　面；　公分－－(文明叢書:5)
參考書目：面

ISBN 957－14－3539－2　(平裝)

1.道教－醫學、衛生方面

230.1641　　　　　　　　　　　　　　90017260

網路書店位址　http : // www. sanmin. com. tw

© 疾 病 終 結 者
　　——中國早期的道教醫學

著作人　林富士
發行人　劉振強
著作財
產權人　三民書局股份有限公司
　　　　臺北市復興北路386號
發行所　三民書局股份有限公司
　　　　地址／臺北市復興北路386號
　　　　電話／(02)25006600
　　　　郵撥／0009998－5
印刷所　三民書局股份有限公司
門市部　復北店／臺北市復興北路386號
　　　　重南店／臺北市重慶南路一段61號
初版一刷　2001年11月
初版二刷　2003年6月
編　　號　S 41016－0
基本定價　參　元
行政院新聞局登記證局版臺業字第○二○○號

有著作權·不准侵害

ISBN　957－14－3539－2　(平裝)

圖1　明陳槐「天師圖」

圖2　宋馬麟「三官出巡圖」

圖3　宋人「灸艾圖」

圖4　北周「得醫圖」（敦煌莫高窟296洞壁畫）

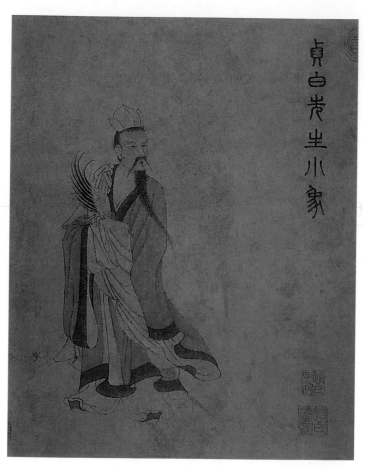

圖5　元人「陶弘景像」

圖6 宋人「大儺圖」(局部)

圖7　北朝「薩滿彩陶俑」（東魏茹茹公主墓出土）

圖8　清黃慎「煉丹圖」

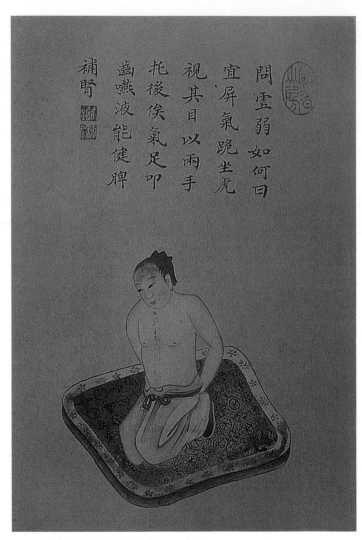

問靈弱如何曰
宜屏氣跪坐虎
視其目以兩手
托後俟氣足叩
齒嚥波能健脾
補腎

圖9　導引圖（補虛導引式）

文明叢書序

　　起意編纂這套「文明叢書」，主要目的是想呈現我們對人類文明的看法，多少也帶有對未來文明走向的一個期待。

　　「文明叢書」當然要基於踏實的學術研究，但我們不希望它蹲踞在學院內，而要走入社會。說改造社會也許太沉重，至少能給社會上各色人等一點知識的累積以及智慧的啟發。

　　由於我們成長過程的局限，致使這套叢書自然而然以華人的經驗為主，然而人類文明是多樣的，華人的經驗只是其中的一部分而已，我們要努力突破既有的局限，開發更寬廣的天地，從不同的角度和層次建構世界文明。

　　「文明叢書」雖由我這輩人發軔倡導，我們並不想一開始就建構一個完整的體系，毋寧採取開放的系統，讓不同世代的人相繼參與，撰寫和編纂。長久以後我們相信這套叢書不但可以呈現不同世代的觀點，甚至可以作為我國學術思想史的縮影或標竿。

2001年4月16日

自　序

　　我小時候體弱多病，父母親帶著我看遍中醫、西醫和密醫，找過童乩、道士，試過偏方、秘方，喝過符水，抽過藥籤。長大後，雖然強健了一些，童年時病痛的陰影卻始終不曾完全消失。於是，我也練太極拳，學瑜珈術，修習禪坐。甚至，也去學了點針灸和本草的基本常識。然而，我始終不明白，自己何以病，何以不病。

　　後來，我發現，許許多多的臺灣人都和我一樣，有這樣的童年，有這樣的經驗，有這樣的迷惑。

　　於是，我開始研究中國的宗教和醫療文化，開始接觸一些宗教人和醫療者。我發現，無論是在傳統的中國社會還是在當代的臺灣，疾病、醫療和宗教始終非常緊密的結合在一起，即使不是在正式的體制內聯結，也是在一般民眾的心靈裡契合。因此，我決定要找尋這種社會現象的文化根源，而這本書便是我這些年來探索的初步成果。

　　最後，謹以這本小書獻給我年邁多病的雙親，感謝他們為了生我、養我、育我、醫護我，所付出的一

切。同時，也獻給我的愛妻，感謝她多年來和我一起
經歷病痛、呵護彼此，共同品嚐生命中的點點滴滴。

2001年元月寫於汐止寓所

疾病終結者
——中國早期的道教醫學

因病入道　145

引言：臺灣現象

在臺灣的醫療市場上，有三個引人注目的現象。

第一個現象是宗教團體涉足「醫院」的經營。早年以天主教和基督教為主，近年來則以佛教和傳統寺廟為盛。著名的有天主教的耕莘醫院（臺北市）、基督教的馬偕醫院（臺北市）、佛教的慈濟醫院（花蓮等地）、朝天宮的媽祖醫院（雲林北港）、行天宮的恩主公醫院（臺北三峽）。

第二個現象是民眾的就醫行為有「巫醫並用」或「要人也要神」的習慣。換句話說，民眾生病的時候，除了尋求醫師的診治之外，往往也會求助於神明或宗教療法。有些病人或病人的家屬會到寺廟求神、問卜、抽籤，甚至求取「藥籤」，並按照籤上的藥方配藥服用。有些人則會請求神壇、道壇或寺廟中的童乩、法師或道士舉行祭祀或「解除」儀式。有時候，僧尼、牧師或其他術士（像風水師、相師、卜師等）也會成為他們諮詢、求救的對象。而有些醫院甚至會順應民情，在醫院裡設置小教堂、祈禱室，或是供奉神像、佛像，

讓病人或病人的家屬進行「告解」、禱告或祭祀的活動。

　　第三個現象則是各種「養生」功法的風行。像「外丹功」、「香功」、「元極舞」、「法輪功」以及各式各樣的「氣功」，都曾吸引不少民眾加入「修練」的行列。傳統的太極拳、瑜珈、靜坐也一直保有一定的市場。這些「養生功法」都號稱可以治療或預防疾病，而且，和正統的「西醫」、「中醫」療法相較之下，顯得更加具有自主性和吸引力，因為，在「師父」教授之後，整個治療的過程都是由修習者自行操作，沒有外力的介入，不必任由醫師宰制，更不必忍受醫療機構的種種「規矩」和「支配」。而且，這些「功法」往往結合了運動、娛樂和宗教信仰，使修習者產生「同門」或「同道」的情誼，甚至凝結成一個宗教或社會團體。不過，在民眾的心目中，這一種「另類療法」(alternative therapy)和主流的醫學並不互相排斥，和各種宗教療法也可以相輔相成。

　　這三個現象，一則顯示臺灣社會存在著多元的醫療體系，二則顯示民眾對於疾病和醫療方法的認知，並不是遵循正規的醫學和健康教育所建構的知識體系與行為規範。換句話說，民眾並不會將自己的身體或疾病完全交給醫師或醫院處理，他們對於病因往往自

有一套解釋系統，對於療法也自有體會和抉擇。因此，任何一個醫療體系都無法獨占醫療市場，都必須面對各種「異類」療法的競爭，有時候甚至必須容忍或兼採「異類」的治療方法，才能贏得病患的信賴和青睞。

這樣的情形並不是二十世紀末才突然萌生，也不是倏忽來去的偶發現象。事實上，就像許多顯著的社會現象都有其文化上的根源一樣，臺灣社會中醫療和宗教之間難分難解的糾葛，其實是一種根深蒂固的文化習性。

這種文化習性的養成，並非一朝一夕之功，也不是由單一的因素所構成，確切的源頭也很難斷定。不過，我們至少可以確定，類似的社會現象曾經出現在東漢到六朝末年（也就是西元第二至第六世紀）的中國社會中，並且和宗教的興盛、瘟疫的橫行有密不可分的關係。而其中最值得我們注意的是「道醫」的出現。在這之前，先秦的醫學是以「巫醫」為主流，兩漢時期則有「漢醫」的崛起，而從這個時期開始，道教更將中國醫學帶入一個新的階段。

瘟疫橫行的年代

道教的現身

　　首先，讓我們看看道教是如何現身於歷史舞臺。

　　1927年，梁啟超在清華大學講課，談到研究中國歷史的幾個重要領域和課題時，曾經指出，「宗教史」是其中一個不可少的「專史」。不過，對於「中國宗教史」應該包括哪些內容，他卻感到相當為難。他認為中國根本沒有本土的宗教，即使勉強將道教視為宗教，這樣的一個宗教也「很無聊」、「很醜」，他還說「做中國史，把道教敘述上去，可以說是大羞恥」。可是，他還是承認，研究中國宗教史不能不談道教史。

　　從梁啟超的言論我們可以知道，即使是在「科學」掛帥、「理性」昂揚的二十世紀初，即使是最激烈的「反宗教」的歷史學者，也不得不承認道教在中國歷史上占有非常重要的地位。

　　可是，道教起源於什麼時候呢？是誰所創的呢？

　　這個問題看起來很簡單，卻很不容易回答。即使

我們完全相信道士所寫的「神話」，答案也不完全一致。其中，最流行的說法是認為道教由「老子」所創。例如，《魏書‧釋老志》便說：「道家之原，出於老子。」至於「老子」是誰，則眾說紛紜。歷史學家或說根本沒有這個人，或說是老萊子，或說是周太史儋，或說是李耳。不過，道教的經典大多將老

圖1　老子圖

子說成是一個「先天地生」的「神人」，「上處玉京，為神王之宗，下在紫微，為飛仙之主」，而且能「千變萬化」，永存於世（參見圖1）。

但是，也有一些道教的經典，如晉代葛洪（活躍於西元317－350年）的《枕中書》和宋代張君房的《雲笈七籤》，將道教的開端和宇宙的起源都歸諸於元始天王（也就是元始天尊），至於老子則被稱之為「混元皇帝太上老君」，時代遠較元始天王晚，輩分也比較低。

即使不以「神」而以「人」的角度來說道教的起

源，答案依然多樣。一般來說，學者多以天師道（又叫五斗米道）的第一代天師張陵（又叫張道陵）為道教的創始人（參見彩圖1）。可是，天師道是不是道教的第一個道團或道派，大家仍有不同的意見。而且，真正創立天師道的究竟是張陵還是張魯，或是張脩，學者之間也沒有達成共識。

因此，道教的祖師爺究竟是誰，至今都還難以斷定。

不過，我們至少可以確定，最晚到了東漢中晚期，也就是西元第二世紀中葉左右，中國社會中已有許多大大小小的宗教團體，這些團體大多強調師徒之間的聚合，共同修練養生術，追求長生不老、羽化登仙。他們有組織、有目標、有特定的信仰和儀式，有的甚至還有經典（如《太平經》、《老子想爾注》），和舊有的巫覡信仰及國家宗教都有所差別，而且也不同於當時已經傳入中國的佛教。因此，學者大多將這些新興的宗教團體稱之為「道教教團」（或道團）。而當時最有名的道團就是太平道和五斗米道，此外，六朝時期曾經流行一時的「李家道」、「帛家道」、「干君道」等，它們的創始人據說也都是東漢時期的人物。

那麼，這種「道團」為什麼會在東漢時期出現呢？

東漢王朝的衰亡

人有生死，王朝也有盛衰興亡。

漢高祖劉邦以一介布衣，提三尺劍，聯合六國之後滅秦，又擊敗楚霸王項羽，在西元前206年一統江山，締建了漢王朝，一直到王莽在西元9年建立「新」朝，才告終結。不過，漢王朝的宗室劉秀很快的在西元25年又「光復」了劉氏王朝，首都則由長安轉移到洛陽。史家因而將劉邦所建的王朝稱之為「西漢」，而將光武帝劉秀所建立的稱之為「東漢」。而有時候也以「前漢」、「後漢」做為兩者的區隔。總之，劉秀創建的東漢王朝一直到西元220年才壽終正寢，使兩漢王朝的歷史長達四百二十六年，即使扣除新王朝的十七年，也有四百〇九年，可以說是自秦統一中國之後，壽命最長的一個王朝。

我們現在所用的一些詞彙，如「漢人」、「漢語」、「漢字」、「漢方」、「漢醫」等，其實都是在榮耀或追憶這一個長命而輝煌的王朝，因為，中國傳統的政治格局、社會制度、經濟型態、文化素質，大多是在這個時候奠定了根基。

然而，衰亡終究是所有偉大帝國和王朝共同的宿

命。

叛亂蜂起

　　東漢王朝大約從西元第二世紀初期，也就是安帝在位的時候（西元107–125年），就已出現病徵。最明顯的徵兆是各地不斷發生叛亂事件。早先只是零星的、小規模的盜匪集團，以屯聚、搶劫財物為主，並以武力反抗或攻擊政府官吏和軍隊。到了順帝在位的時候（西元126–144年），盜賊之中，開始有人稱「帝」，想要「革命」、奪取政權。這種情形到了桓帝在位的時候（西元147–167年），更加普遍。大家逐漸認為，劉氏政權並非不可挑戰，「天命」已經有移易的跡象。到了靈帝在位的時候（西元168–189年），這種「革命」的思潮更加擴散，許多人都利用「五行」、「讖緯」的理論，開始預測、尋找新的「真命天子」，準備建立新的王朝。不過，直到靈帝中平元年（西元184年）春天，張角帶領的「太平道」喊出「蒼天已死，黃天當立」的口號，才真正敲響東漢王朝的喪鐘。

　　「太平道」徒多達數十萬人，起兵之後，席捲了整個帝國的東部和東南一帶。後來雖被敉平，但這一場被史家稱之為「黃巾之亂」的變亂，卻使「軍閥」

的勢力得以興起，中央政府也逐漸喪失對地方的控制，天下大勢已由「合」轉向「分」，後來「三國鼎立」的分裂格局可以說是根源於此。

曹操、劉備等三國英雄大多是在「黃巾之亂」時開始嶄露頭角，現身歷史舞臺。其中，曹操更是藉著協助東漢政府「平亂」的機會，「挾天子以令諸侯」，壯大自己，讓他的兒子曹丕有機會在西元220年接受東漢末代皇帝（獻帝劉協）的「禪讓」，建立「魏」王朝，正式葬送東漢帝國。而這種「禪讓」也成為後來許多王朝「易主」的模式，雖然是「和平」的政權轉移，但本質仍是赤裸裸的「奪權」，仍是「反叛」。

天災與人禍

「叛亂」活動雖然是導致東漢王朝衰亡的主要因素，但是，「叛亂」本身卻不是終極之因。因為，許多的材料都告訴我們，大多數的「叛亂」活動都是由許多錯綜複雜的因素所激發或促成。

我們知道，當時的東漢帝國，除了盜賊之外，還飽受各種災害的侵襲，有水災、旱災、蝗災、疫災，也有饑荒。在西部邊境還有連年不斷的對外戰爭（主要是對付羌族），而中央政府則陷入長期的政治鬥爭和

「黨爭」,「外戚」與「宦官」輪流上臺,互相批鬥、報復。地方則有酷吏、豪強,利用天災、人禍之際,奴役貧弱,兼併土地,導致災民四起,流民大增,社會動盪不安。

不斷增加的「流民」,正是「盜賊」或「革命軍」得以持續壯大的活血來源。因此,「叛亂」可以說是各種政治、社會、經濟、自然之病所引起的併發症。其中,最值得我們注意的是,疾疫之災在其中所扮演的角色。

瘟疫的衝擊

研究中國史的學者大多承認,東漢中晚期的中國社會曾飽受各種天災人禍的摧殘,不過,卻很少人曾經仔細查考當時瘟疫肆虐的情形,也很少人曾經注意到東漢帝國的崩解和瘟疫流行之間的關係。

然而,即使只就「正史」的記載來看,東漢中晚期基本上可以說是一個瘟疫流行的年代。在范曄的《後漢書》中,至少便提到十四次的「大疫」(疾疫)之災,而其中十一次都發生在王朝最後的一百年之間,依序為:西元119年、125年、151年、161年、166年、171年、173年、179年、182年、185年、217年(詳見179

頁「附表一」）。

從相關的記錄來看，當時的「大疫」幾乎都是在春天爆發，只有一次是在夏天的四月，另一次在冬天。此外，流行的地區有三次僅限於京師（洛陽）或南方地區（會稽、九江、廬江），其餘八次都遍及全國。至於爆發瘟疫的頻率，似乎是以桓帝和靈帝在位期間最高，從西元151到185年之間，才三十五年便發生了八次，平均四、五年便遭受一次浩劫。

事實上，如果把一些規模較小的區域性疫災也計算在內，或是參考其他文獻的記載，那麼，當時中國社會遭受瘟疫襲擊的次數，應該遠超過上述的十一次。就以獻帝在位期間（西元189-220年）來說，建安元年到十年（西元196-205年）之間，中國境內的南陽、武陵、會稽、餘姚、交州等地，都曾經爆發過區域性的疾疫之災。

其次，建安十三年（西元208年），當曹操率領數十萬大軍南下，和孫權、劉備的聯軍對峙於赤壁（位於現在的湖北嘉魚東北、武昌西南）的時候，由於曹操軍隊多是北方人士，剛到異地，水土不服，以致感染疫病，因此，兩軍一交戰，曹軍便潰敗而逃，而這一場「赤壁之戰」也奠定了魏、蜀、吳三國鼎立的局

勢。

「赤壁之戰」之後，從建安十四年到二十一年（西元209–216年）之間，無論是在孫吳境內，還是曹魏轄內的大陽、合肥、鄴城，都曾經有瘟疫流行的記錄。至於建安二十二年（西元217年）所爆發的全國性「大疫」則已經見於范曄《後漢書》的記載。而在這一場瘟疫的侵襲下，當時文壇著名的「建安七子」之中，徐幹、陳琳、應瑒、劉楨和王粲都在這一年死於瘟疫。

建安二十二年的「大疫」不僅重創了建安文壇，也使中國的社會、經濟受到嚴重的破壞。但是，瘟疫仍不肯輕饒人命。以陳壽《三國志》的記載來看，從建安二十三年（西元218年）起，一直到建安二十五年（西元220年）曹操崩逝於洛陽、獻帝讓位給曹丕為止，中國無論是在北方還是南方，仍不斷傳出疫情。

而且，瘟疫並不曾隨著東漢帝國的瓦解而消聲匿跡。

瘟疫的蔓延

瘟疫不曾因為政權轉移而停止肆虐。從魏晉一直到南北朝時期，中國社會始終無法擺脫瘟疫的侵擾。僅以正史的記載來看，三國時期（西元220–265年），

四十六年間,「大疫」流行的次數便有六次,依序為:
西元222年、223年、234年、235年、242年、253年(詳
見182頁「附表二」)。這六次瘟疫,前四次發生在魏國
轄下的中國北方,後兩次則是在中國南方的吳國境內。

到了西晉時期(西元265–316年),五十二年間,
仍有七次「大疫」流行,依序為:西元272–274年、274
年、275年、292年、296年、310年、312年(詳見184
頁「附表三」)。司馬炎終結曹魏政權,建立晉朝是在
西元265年,當時孫吳仍稱霸於中國東南,直到西元280
年,司馬炎才完成統一大業。因此,這七次大疫,第
一次是發生在吳國境內,而且是連續三年,但到了第
三年,從北方的記錄來看,當時已蔓延成全國性的疫
災。此後幾次,則大多限於中國北方。從這些記錄來
看,這個時期爆發流行的時間,似乎已逐漸以冬天為
主。

司馬氏在西元280年所完成的統一大業,只維持三
十六年便因所謂的「五胡亂華」而破滅,中國北方改
由「胡」人統治,不過,司馬氏的政權,因司馬睿(晉
元帝)於西元317年在南方登基而得以延續,也開始了
中國歷史上的「東晉・十六國」時期(西元317–420
年)。在這一百零四年之間,至少有九次「大疫」見於

記載，依序為：西元322年、350年、353年、369年、379年、380年、397年、405年、411年（詳見186頁「附表四」）。這個時期，基本上是南北分治的局面，北邊由於多國並立，又多胡族政權，乍興乍滅，相關的歷史記載相當少，因此，即使曾有瘟疫流行，也不容易留下記錄，只有北魏政權因延續較久，而且有魏收撰述《魏書》，因此，才有上述第七次「大疫」的記載。至於其他八次，則都發生在東晉統治下的中國南方。當然，這種南北失衡的情形，也有可能不是因為北方史官失職所造成，而是當時的瘟疫確實「偏愛」南方的風土。

到了南北朝時期（西元420–589年），情形又有了變化。在長達一百七十年的歲月中，史書所載的「大疫」只發生了五次，依序為：西元423年、460年、468年、510年、565年（詳見188頁「附表五」）。在這段期間，不僅「大疫」的次數減少了，而且，都發生在北方，只有西元468年那一次是南北同時爆發。當然，這並不表示一些小規模的瘟疫流行已完全停止。不過，只從規模大小和次數來說，的確顯示出疫情有南北消長的現象。但是，究竟該如何解釋這種現象，確實令人感到相當困擾。

　　總之，從東漢中晚期起一直飽受瘟疫之害的中國社會，似乎要到南北朝時期才逐漸獲得紓解，爆發流行的次數銳減，頻率也陡降，尤其是在中國南方，一百七十年之間，竟然只有一次「大疫」的記錄，如果不是史官失載，那麼，便是瘟疫已經不再那麼猖獗。也許當時的南方人已有防疫之道，或身體中已有抗疫的能力，或是已無足夠的人口密度引爆瘟疫流行。

　　那麼，當時肆虐於中國社會的「大疫」究竟是什麼樣的疾病呢？

「複診」瘟疫

傳染病與流行病

　　「瘟疫」是近代才比較流行的名詞，在較早的文獻裡，一般簡稱為「疫」，或寫做「疾疫」、「疫癘」、「疫病」。此外，傳統醫家往往使用「傷寒」、「溫病」、「熱病」、「時氣」這些詞語和概念來說明某種眾人在同一時期共有、症狀相似的疾病。這些名詞的真正意涵相當模糊，很難確認為現代醫學所指稱的某一種特定的疾病，近代學者也大多把文獻中所說的「疫」解釋為「傳染病」。

　　不過，從古人對「疫」字的定義來看，其實，疫應該比較接近現代醫學概念中的「流行病」(epidemic)，泛指所有傳染性與非傳染性的流行性疾病。例如，在字書中，東漢許慎的《說文解字》便說：「疫，民皆疾也。」《字林》也說「疫」是「病流行也」。在醫書中，東漢張仲景的《傷寒論》和隋代巢元方的《諸病源候總論》也說，「一歲之中，長幼之病，多相似者」、「民

多疾疫病，無長少率皆相似」。換句話說，只要有許多人同時得了某一種症狀相似的疾病，便可稱之為「疫」。

從這個定義來看，當時流行於中國社會的「大疫」，恐怕不是一種而是多種疾病。至於有些什麼樣的疾病曾經爆發大規模的流行，近代學者也曾做過一些大膽的推測，但都無法提出確切的證據，也充滿了爭議。

例如，東漢獻帝建安十三年（西元208年），曹操的軍隊在「赤壁之戰」時所感染的疾病，有人認為是急性的日本血吸蟲病(Schistosoma Japanica Katsura-da)，有人認為是瘧疾(Malaria)，但也有人認為是斑疹傷寒(Typhus)。

其次，發生於晉安帝義熙元年（西元405年）十月的那一次「大疫」，根據史書的記載，得病者都要「發赤斑乃愈」，而這種病在南朝的文獻中被稱之為「赤斑病」、「赤斑瘡」或「虜瘡」。有人認為，這應該就是從印度輾轉傳來的天花(Smallpox)，大概從魏晉時期起，便已出現在中國本土。東晉以後，曾數度爆發流行。不過，當時會引起發病者身體產生「赤斑（斑）」的流行病，至少要把由東方立克次體(Rickettsia Orientalis)所引起的急性傳染病「恙蟲病」考慮在內，因為，當時江南一帶的山谷、水濱地區，曾有所謂「射工」、「沙

蟲」、「溪毒」之病，這些病的症狀也是以身體出現「赤斑」為主，而近代學者大多認為，這些應該都是恙蟲病。

此外，各式各樣的寄生蟲病應該也是當時主要的流行病之一。尤其是在中國南方，由於有生食魚、蝦、蔬果的飲食習慣，從事農耕養殖活動時，又常以糞便做為肥料或飼料，而且，在水濱、河川之中的活動也不少，因此，特別容易感染肝吸蟲病(Clonorchiasis)、蛔蟲病(Ascariasis)、鉤蟲病(Ancylostomiasis)、條蟲病(Taeniasis)、薑片蟲病(Fasciolopsiasis)、鞭蟲病(Trichuriasis)和蟯蟲病(Enterobiasis)這一類的消化道寄生蟲病。當時人感染寄生蟲病的情形，不僅可以從醫學文獻（如《肘後方》）和道教典籍（如《太上除三尸九蟲保生經》）知道，也可以從近代考古工作者所發掘出來的「古屍」中找到「物證」。例如，有兩具尚未腐爛的漢代屍體，經過解剖之後發現，他們的體內還存有日本血吸蟲、蟯蟲、人鞭蟲、肝吸蟲和條蟲的蟲卵。總之，當時人感染這些疾病應該相當普遍，足以稱之為「流行病」。有人認為，道教「三尸九蟲」的信仰應該是從這種真實的「疫病」經驗而來。

因為生活方式而罹患的疾病，除了寄生蟲之外，

腳氣病(beriberi)在當時也相當流行。 這種病基本上是一種「營養不良」病，主要是因為長期食用「精米」（去除米糠的白米），維生素B1攝取不足，導致下肢麻木疼痛、水腫，甚至引發心臟疾病而死亡。根據醫學史家的看法，這種病起源於兩晉之際，北人南下之後，因飲食習慣改變而罹患「腳氣」病，到了南朝時期便大為流行，也曾引起當時醫家的注意和廣泛的討論，並提出了不少醫療方法。

不過，近代學者之中也有人認為，當時所謂的「腳氣」（腳弱）病，其實是一種「多發性神經炎」，而病因並不是「米食」所導致的營養不良，而是藥物中毒。當時，在道士、方士的鼓吹之下，有不少道徒、士人都喜歡「服食」藥物以養生或求不死成仙，而藥物之中又以「金丹」、「石藥」（五石散）最受歡迎。可是，這一些礦物性的藥物中，常常含有汞（水銀）、鉛和砷，服食之後都會中毒，進而引起和近代所說的「腳氣病」相似的病症。

除此之外，「癩病」在當時應該也頗為流行。所謂的「癩」，在古代文獻中又寫做「癘」，或叫「惡疾」。有人認為，這是一些惡性皮膚病的總稱，其中最主要的是痲瘋(Leprosy)。這種病在先秦時期便已出現，秦

國甚至還立下特別的法律，設置專門的「癘所」，將得
病者集中管理，隔絕於社群之外。到了魏晉南北朝時
期，佛教也曾開設專門收容癩病患者的寺院，而道教
的神仙傳記中也提到不少癩病患者修道成仙的故事，
並提出不少治療癩病的藥方。至於得病人數的多寡，
雖然不容易估算，但是，以唐朝初年的情形來說，單
是孫思邈親手治療過的患者便多達六百多人，可見這
種病至少在西元六、七世紀時曾經相當流行。

　　無論如何，所謂的瘧疾、斑疹傷寒、日本血吸蟲
病、寄生蟲病、恙蟲病、天花、腳氣病、多發性神經
炎、痲瘋病，或是較少人提到的感冒，其實都是現代
醫學的概念和疾病名稱，都是我們根據文獻所記載的
蛛絲馬跡，或是醫書所描述的簡單的症狀，推測所得。
當時人自有他們對於疾病的分類方法和概念，很難說
現代人的「診斷」就比古人「精確」或接近「真實」，
因為，我們對於「疾病」的認知和分類都是主觀的，
任何一種分類系統都沒有所謂的真假或對錯。檢驗醫
學優劣高下的標準應該放在治療的方法和效驗。

　　總之，從東漢中晚期開始，一直到南北朝結束為
止，中國社會始終不斷有「大疫」流行，而比較頻密
的時期主要是在西元第二世紀下半葉到第四世紀末這

二百五十年間。至於當時流行的究竟是什麼病，則很難判定。而且，造成當時瘟疫一波接著一波爆發的原因，至今仍令人費盡思量。

「病因」試探

根據現代流行病學的說法，決定疾病是否發生的各種因素大致可以歸納為三大類。

第一類是「病原」，也就是導致疾病的直接因素，包括：「營養成分」（過多或缺乏）、「化學物質」（毒物與過敏劑等）、「物理性病原」（游離輻射、機械性摩擦等）、「傳染性病原」（複細胞動物、原蟲、細菌、黴菌、立克次體、病毒等）。

第二類是「宿主」，也就是影響人對於「病原」反應的內在因素，包括：「遺傳」、「年齡」、「性別」、「種族」、「生理狀況」（疲勞、懷孕、青春期、心理壓力、營養狀況等）、「免疫經驗」、「併發症或早先存在的疾病」、「行為」（個人衛生、飲食習慣、人際接觸、職業、娛樂、保健措施等）。

第三類是「環境」，也就是影響「病原」存在和產生作用的外在因素，包括「物質環境」（地理、氣候等）、「生物環境」（人口密度、植物、動物等）、「社會環境」

（職業、城市、經濟、戰爭、水災及其他動亂等）。

因此，我們不妨利用這樣的概念，重新檢視當時的歷史情境，推測當時促成瘟疫流行的可能因素。

氣　候

首先，從「環境」因素來看，我們會發現，氣候可能是相當重要的一個因素。

根據氣候史家的推斷，中國氣候大約從西漢末年起，便逐漸趨於寒冷。有人說，從西漢成帝建始四年（西元前29年）起一直到隋文帝開皇二十年（西元600年）止，是中國氣候史上的第二個「小冰河期」(the Little Ice Age)，典型的氣候特徵是乾旱、寒冷。在這段期間，又有幾個特別寒冷的小週期。

這種氣候變異通常會促使某些「微生物」或病原體在特定的溫度和濕度之下，產生突變或大量增殖，以致大規模侵襲人群而引發瘟疫。有些西方史學便認為，歐洲在西元1550–1700年之間，飽受各種疾病（包括黑死病、天花、小兒驚風或痙攣等）流行之害，便是因為當時歐洲的氣候正處於「小冰河期」。

事實上，中國古人對於氣候異常和瘟疫流行之間的關係，也有所認知。例如，東漢末年的曹植和張仲

景，都將當時「疾癘」流行的原因歸諸於「寒暑錯時」，人民因「觸冒寒毒之氣」而罹病，而當時「大疫」爆發的時間，也有多次是在隆冬或早春。

饑　荒

當然，乾冷的氣候也會抑制某些病原體或病媒（如跳蚤、蚊蟲等）的活動，有可能反而會平息某些瘟疫。因此，「小冰河期」的氣候不見得會直接促成瘟疫。但是，這種氣候型態往往會造成農作物歉收，並因而引起「饑荒」。而因「饑荒」所引發的種種政治、社會、經濟問題，例如生活條件變差、出現都市貧民窟、人口遷徙、戰亂等，則常常會成為擴散或加重疾病流行的重要因素。

事實上，氣候變異、饑荒與瘟疫，三者之間往往環環相扣，饑荒與瘟疫更經常互為因果。

以東漢末年的情形來說，乾旱之後，饑荒往往隨之而來。例如，獻帝興平元年（西元194年），從四月到七月，三輔地區「大旱」，後來，穀價大幅上揚，許多人因而餓死，並且出現「人相食啖，白骨委積」的情形，簡單的說，就是「人吃人」。同樣的，饑荒之時，往往也伴隨著瘟疫流行。例如，獻帝建安十三年，曹

操兵敗赤壁之後，他的軍隊便因「饑、疫」而死掉一半左右。

饑荒之所以常常會和瘟疫同時產生，一方面是因為過度的飢餓通常會使人營養不良或營養失調，導致各種「營養失衡症候群」（如骨質疏鬆症、壞血症、貧血症、甲狀腺腫大、夜盲症、腳氣病等）。而且，在「飢不擇食」的情況下，往往會誤食有毒或帶有寄生蟲的食物而致病，至於「吃人肉」所引發的恐慌和身心病，也不可忽視。另一方面，瘟疫會減損人口或減弱人的活動力，導致社會勞動力和生產力下降，使農作物產量減少，因此，短期之內也會造成饑荒或加劇饑荒的情形。

戰　爭

除了氣候和饑荒之外，我們也不得不考量戰爭這個因素。

事實上，戰爭和瘟疫之間的親密關係一直是學者關注的課題。美國的歷史學家麥克尼爾(William H. McNeill)便將導致人類疾病的「細菌」和導致人類戰爭的「軍隊」相提並論，分別稱之為「微型寄生物」(micro-parasites)和「巨型寄生物」(macro-parasites)，他說：

「瘟疫經常參與軍隊的行動並尾隨而至。」

中國金代的名醫張從正（西元1156–1228年）也說：「治平之時，常瘧病少；擾攘之時，常瘧病多」，「瘧常與酷吏之政並行」。他甚至還舉出金章宗泰和六年（西元1206年）南征當年和次年，瘴癘殺人無數，侯王官吏、上下都得瘧病的事實做為佐證。

在中國歷史上，因為戰爭或軍事行動（如屯兵、圍城）而引發瘟疫流行的記錄，可以說是不勝枚舉。僅就東漢獻帝時候的情形來看，至少便有五次記錄，分別為：建安元年（西元196年）孫策破王朗之役；建安十三年（西元208年）赤壁之戰；建安二十年（西元215年）合肥之役；建安二十二年（西元217年）居巢之役；建安二十四年（西元219年）荆州之役。由此可見「役」和「疫」之間的親密程度。

戰爭之所以常會引發瘟疫，主要是因為人口大量集結，提供了各種病原體充沛的「宿主」(host)來源，再加上宿主之間的親密接觸，使病原體得以在軍隊中快速孳生、蔓延。

其次，軍中士兵和受圍攻者的衛生情況和生活條件都相當惡劣，再加上心理、精神壓力太大，似乎也提供了病原體肆虐的最佳機會。例如，三國時期，魏

廢帝（齊王曹芳）嘉平五年（西元253年），吳國大將諸葛恪率領二十萬大軍圍攻合肥新城，數月之後仍然無法攻下，「士卒疲勞，因暑飲水」，卻造成「泄下流腫」，有半數的軍隊都得病，死傷無數。

另外，梁武帝太清二年（西元548年），侯景起兵作亂，圍困京都建康（現在的南京）時，城中軍隊、官吏和居民因為缺糧，最後連馬都殺來吃，而且在馬肉中夾雜人肉。可是，所有食用者都得病，侯景的軍隊又在城中的水源處下毒，導致瘟疫流行。城破之後，原有的十多萬百姓和三萬名士兵幾乎都死光，《南史‧侯景列傳》描述當時的慘狀說：「橫屍滿路，無人埋瘞，臭氣薰數里，爛汁滿溝洫。」

在戰亂之時，屍橫遍野是常見的景象，曹操有一首〈蒿里行〉便說：

> 關東有義士，興兵討群凶。……鎧甲生蟣蝨，萬姓以死亡，白骨露於野，千里無雞鳴。生民百餘一，念之斷人腸。

不過，並不是所有的死亡都是因刀兵之災所引起。許多學者都認為，在戰爭中，病死者遠多於戰死者。以

曹操詩中提到的「蟣蝨」來說，這種人體的寄生物，正是傳播疾病（如斑疹傷寒和回歸熱）最主要的媒介。此外，無人掩埋的屍體，因暴露於空氣中或沉放在水中所造成的污染，往往也會成為另一波瘟疫的病原。至少，對於屍體橫陳的畏惡和恐懼，似乎也會引起部分民眾的恐慌，甚至罹患心理、精神疾病。而因為戰亂所造成的流離失所，人口遷徙，有時也會成為瘟疫流行或擴散的動力。

移　徙

　　在傳統中國社會中，促使一個人離開鄉里的動機或原因，大概不出七種情形。第一是為了經商；第二是為了仕宦為官；第三是為了求學、遊歷、訪問師友；第四是為避仇而逃亡；第五是軍人奉命征戍；第六是逃難，尤其是逃避賦役、戰爭、盜賊、饑荒、水旱、瘟疫這種天災、人禍；第七是被政府強迫遷徙（如罪犯、戰俘、屯墾者）。其中，征戍、逃難、強迫遷徙往往會使大量人口在短時間內同時移徙異地。

　　東漢晚年至南北朝時期，由於不斷有各種自然災害（寒、旱、瘟疫）和社會災害（盜匪、勞役），再加上戰爭、征戍不斷，因此，當時有不少人或出於自願，

或迫於無奈，東奔西走，南移北遷，流離異鄉。不過，從大的趨勢來看，當時移徙的情形，主要是由西向東，由北向南，尤其是西晉末年「五胡亂華」時，更造成大規模的「民族大遷徙」，大量的胡族從北邊入居中原（黃河流域），漢族則渡江向南，移居長江流域及南方的邊陲地帶。

在移徙的途中，或是在新的、陌生的環境居住之初，難免會遭遇各種危險（如寇盜、饑饉以及所謂的「毒惡生物」等），其中，最令人恐懼的則是因「水土不服」而生的疾病。不過，疾病或瘟疫不只會侵害移民者。

事實上，移民或旅行者一方面會將其本土的疾病（尤其是具有傳染性的疾病）帶到新的移居地，感染當地的舊有居民，或是在返鄉時將異鄉的疾病帶回，侵襲其鄉人。另一方面，移民在新的生態、社會環境中，也很容易感染一些全新的疾病，或是因為調適不良而引發各種生理或心理毛病。

在人類歷史上，因為移徙而將疾病帶到新的地區，而原住民因為缺乏對抗這類疾病的經驗和「抗體」，因而罹患疾病，引爆流行的例子相當多。其中，學者較常提到的例子是西元十六、十七世紀之後，歐洲人在

往外擴張的過程中，將舊大陸的疾病（如天花和麻疹）帶往「新大陸」（主要是中南美洲），因而造成印第安人大量死亡。有些學者甚至認為，歐洲人得以征服新大陸，消滅當地土著，憑藉的不是「帝國主義者」本身，而是他們不知不覺中隨身攜帶的病菌、病毒。不過，歐洲人也付出相當慘重的代價。他們一方面將新大陸的梅毒帶回「舊大陸」，造成大流行，另一方面，他們的殖民者、傳教士、冒險家、商人在「熱帶」地區（尤其是在非洲和亞洲）也飽受當地疾病（如瘧疾和霍亂）的荼毒。

至於中國社會，在動盪不安的時代裡，因為移徙而引爆瘟疫流行的情形，也不少見。以東漢至南北朝時期來說，當時人也已觀察到這種現象。例如，東漢王符在《潛夫論》裡便說，人民非常害怕遷徙，害怕的程度甚至超過「伏法」（死刑），因為，「伏法」不過是死一個人，而遷徙不僅會使人喪失財物、土地，而且會因為「不便水土」，全家喪亡，以致滅門，很少人能活著回到故鄉。

其次，吳大帝黃龍二年（西元230年），孫權想要派兵征服夷州和朱崖，當時，他的大臣陸遜和全琮都反對，他們認為，「民易水土，必致疾疫」，而且，夷

州、朱崖是「殊方異域」，自古以來便被海水隔絕，當
地又有「水土氣毒」，「兵入民出，必生疾病」，而且會
互相傳染。可是，孫權不聽，仍然出兵，結果，遠征
軍因瘟疫而死掉百分之八、九十。另外，東晉、南北
朝時期曾經在中國南方爆發流行的「虜瘡」，有人認為
就是「天花」，而且是由在前線和北方胡族軍隊作戰的
士兵帶回所引發的，其最早的源頭則是印度。

歷史現象之間的因果關係往往不是單向的。移徙
會引發瘟疫，可是，瘟疫有時候也會促使人群移動。

以漢代的情形來說，像東漢王符的《潛夫論》、荀
悅（西元148 –209年）的《申鑒》，和道教的《太平經》
都曾經提到，當時有所謂的「避疾」或「避疾厄」的
習俗，也就是說，碰到疾病的時候，會以離開原本的
住宅做為療病的方法。這種方法，在瘟疫流行的時候，
不僅會加速患者的死亡，還會使疫區擴大。

當瘟疫來時，逃離疫區幾乎是人的本能行為，可
是，在瘟疫到處橫行的年代裡，人又如何能逃避呢？

針對東漢末年的「避疾」之俗，荀悅也曾嚴加批
判，他說：

夫疾厄，何為者也？非身則神。身不可避，神

不可逃。可避非身，可逃非神也。

這段話的意思是說，造成疾病的原因，不外乎身體和
鬼神這兩種因素，而無論是什麼因素所造成，都無法
逃避。當然，當時並不是所有的人都選擇逃避一途。

　　既然無法逃避或不願逃避，那麼，當時人又如何
面對瘟疫呢？

挑戰與回應

痛苦與迷惑

瘟疫會造成大量的人口死亡和病痛，因此，不僅會傷害患者和他們的家人，還會衝擊整個社會。

首先，從社會、經濟的層面來看，在傳統中國社會中，大量的人口死亡或生病，通常會使勞動力、生產力和消費能力下降，並會引發饑荒和經濟蕭條。此外，原有的家庭結構、社會組織也會受到破壞，存活者和原有家庭、家族以及社區之間的聯繫往往會因而斷裂。

其次，從政治層面來看，人力減少和生產力下降，意味著政府所能徵收的賦稅和力役減少，連帶的，也會影響其對外的國防力量和對內維持治安的能力。而社會組織的崩解更會使政府很難維持穩定的社會秩序。

更嚴重的是，政治領袖的統治權威和政權的「合法性」(legitimacy)往往會遭受挑戰和質疑。因為，最

晚從兩漢時期開始,傳統中國社會多數的士人和庶民,常常會將各種災禍都歸咎於政治。舉凡自然界的天變、地動、風雨水旱之災,以及人世間的饑饉、戰爭、瘟疫,都被認為是君王或政府的施政或行為失當所引起。這種特殊的「災異」思想認為,宇宙間的事事物物都可納入「五行」(金、木、水、火、土)的系統,天人之間會有所感應,同類之間也會相互影響。因此,在當時人的觀念裡,瘟疫流行表示政府無能、腐化,如果繼續不斷,便是既有的王朝已失去「天命」的徵兆,即將失去政權,多數人也會期待「革命」和新王朝的來臨。東漢靈帝「黃巾之亂」的時候,太平道喊出「蒼天已死,黃天當立」、「漢行已盡,黃家當立」這樣的口號,獻帝讓位給曹丕時在詔書中說:「仰瞻天文,俯察民心,炎精之數既終,行運在乎曹氏」,都是基於這樣的信仰。

此外,從個人的層面來看,病者除了肉體上的痛苦之外,還必須忍受心理上煎熬,因為,他們隨時都可能死亡或被親人遺棄。而且,在一個相信「善惡報應」的社會環境裡,病人往往會被人懷疑是否有「道德」上的瑕疵或罪惡。至於病人的家屬,一方面要負起照顧、醫療或是埋葬的責任,另一方面還要憂慮會

不會被「傳染」，往往會陷入要不要棄病人於不顧的矛盾和不安之中。而「死亡」所帶給家屬的恐懼和傷悲也是可以想見的。

當然，瘟疫殺人通常不分男女老少，不分貧富貴賤，不分高矮胖瘦，也不分善惡好壞，因此，常常會出現「好人不長命」、「無辜受害」的現象。結果，當時也有人開始懷疑「天理」的存在，質疑「報應」的公平性和必然性。總之，面對生命的無常，瘟疫的酷毒，有一些既有的社會規範、人生價值、道德標準、宗教信仰，往往會逐漸動搖，甚至瓦解，但也有一些會因而更加強化。

事實上，透過當時人所留下來的文學、藝術和哲學作品，我們可以很清楚的看到當時人的不安、痛苦、悲傷、困惑、懷疑和希望。

以文學療傷

以文學來說，有些作家其實不僅是要藉著作品宣洩情緒或抒發感懷，而且是要透過著述超克對於死亡的恐懼。例如，在東漢獻帝建安二十二年（西元217年）的「大疫」之後，當時文壇的許多巨星同時殞落，曹丕在感傷之餘，寫信告訴王朗說：人「生有七尺之形」，

死後只有「一棺之土」，只有「立德揚名」或是「著篇籍」才能「不朽」。因此，他便發憤著述，撰成《典論》，並編輯自己的文章、詩賦百餘篇。「建安文學」能在中國文學史上大放異彩，開啟私人著述的風氣，和當時的時代背景、眾人的心理感受，應該不無關係。

當時許多文學作品都以「神仙」或「死亡」為母題，反覆詠嘆「生命易逝」的基調。像曹操和曹植的許多樂府詩，都是以「遊仙」為主要內容，想像自己神遊「仙界」（參見彩圖2），學習神仙之道，和仙人一起享受宴飲、酬酢之樂，但是，無意間仍透露出他們對於人生、萬物都有「終期」的恐懼和憂慮。而曹丕在詩文中雖然也談神仙，但他卻懷疑成仙的可能性，只勸人要「遨遊快心意，保己終百年」。

至於以「死亡」為母題的作品，一方面表現在「誄」、「哀辭」、「悼亡」、「傷夭」這種專為傷弔亡人而創作的文體，另一方面則藉著以哀傷為基調的「短歌」、「挽歌」，也就是〈薤露〉、〈蒿里〉之類的「喪歌」，表達生命倏忽即逝的本質和死亡景象的悲慘。像曹操的「對酒當歌，人生幾何。譬如朝露，去日苦多」（〈短歌行〉），曹植的「人居一世間，忽如風吹塵」（〈薤露行〉）、「天命無終極，人命若朝霜」（〈送應氏詩〉），都是千古傳

誦的名句。此外，建安和六朝文學也頗流行以「寡婦」和「孤兒」為主題的詩賦，這也是「死亡」文學的一部分。

藝術的鏡照

漢代的圖像藝術主要表現在壁畫、畫像石、畫像磚和銅鏡上，其中，以銅鏡傳世最多，風格多樣，母題也最豐富。漢代可以說是中國銅鏡史上非常重要的一個時期，而東漢中晚期更是銅鏡史上一個新時代的開端，當時的銅鏡風格是以「神獸鏡」和「畫像鏡」為典型。

所謂「神獸鏡」是以浮雕的手法表現紋飾、神像、龍虎等題材，其中最有名的一種是「建安式重列神獸鏡」。這種鏡子背面的圖像，從上到下大致可以分成五段。第一段和朱雀並列，在最中央的是南極老人。第二段是伯牙彈琴，旁邊是鍾子期。第三段，鏡鈕兩側分別是東王公和西王母，以及「四神」中的青龍和白虎。第四段有人首鳥身的怪物，應該是掌管壽命的句芒，和句芒並排的是黃帝。第五段和玄武並列的是代表北極星的天皇大帝。另外，有一些鏡子則有青、黃、赤、白、黑五色帝的神像。這種鏡子至少有二十三面

圖2 「歌舞神人畫像鏡」
（東漢時期）

圖3 「五神四獸鏡」（東漢桓
帝延熹二年，西元159年）

有紀年銘文，而且多半是在東漢獻帝建安年間所造，
最早的是建安元年（西元196年）。

　　所謂「畫像鏡」，則是以浮雕的手法表現神像、歷
史人物、車騎、歌舞、龍虎、瑞獸等紋飾、題材。一
般來說，又可以細分成四類：一是「歷史人物畫像鏡」，
最常見的人物是伍子胥；二是「神人車馬畫像鏡」（參
見圖2），基本的「神人」是東王公（東王父）和西王
母；三是「神人禽獸畫像鏡」（參見圖3，圖4），內容
是神人、龍虎、瑞獸等，基本上也是以東王公和西王
母為主角（參見圖5）；四是「四神、禽獸畫像鏡」（參
見圖6），或以「四神」（朱雀、玄武、青龍、白虎），
或以其他禽獸為主要內容。

圖4　「神人龍虎鏡」(東漢末年)

圖5　「東王父龍虎畫像鏡」(東漢末至三國之間)

　　這一類的鏡子會在東漢中晚期開始流行,似乎不是工匠一時的巧思或偶然之作。以鏡中常見的「西王母」來說,根據《山海經》的記載,她原本是一隻形狀像人,「蓬髮戴勝」,「豹尾虎齒而善嘯」的神獸,主要掌管「天

圖6　「上方二龍一虎鏡」(三國至六朝之間)

之厲及五殘」,也就是掌管瘟疫、刑罰(或戰爭)之神。但是,到了西漢時代,便有人將她視為神人、仙人,民間也有人崇奉、祭拜她。圖像中的西王母也逐漸變

得「慈眉善目」,「人模人樣」(參見圖7)。不過,無論是從文獻還是圖像的資料來看,對於西王母的崇拜大致要從東漢中晚期起才比較普遍,而且,從這個時候起,她又多了一種身分,開始和東王公一起掌管死亡世界。因此,這個時期的工匠會選擇西王母做為銅鏡圖像的母題,部分原因似乎是為了滿足當時人「辟除」瘟疫,免於「死亡」的欲念。

同樣的,選擇各種的「神獸」,似乎也是為了辟除瘟疫,因為,在漢人的觀念裡,神禽異獸正是瘟疫(疫鬼)的剋星。例如,根據晉代司馬彪《續漢書志·禮

圖7　「西王母」圖像(四川出土之漢代畫像磚)

儀志》的記載，東漢宮廷每年歲末都要舉行「大儺」（「逐疫」）的儀式，在這種儀式中，主要就是利用「十二獸」來驅逐疫鬼。另外，從馬王堆三號漢墓所出土的《五十二病方》、漢人佩帶的「剛卯」這種飾品上的刻辭、以及東漢末年應劭《風俗通義・祀典》的記載來看，漢人的確相信龍、虎、鳳、雞這一類的禽獸能夠辟除疾病、瘟疫。事實上，有一些「神獸鏡」上還刻有「銘文」，並且明白的表示，鏡上的神獸、神人可以辟除不祥和兇惡，使銅鏡的主人得以健康、長壽、大吉大利。

由此可見，無論是「神獸鏡」還是「畫像鏡」，基本上都反映出當時人對於瘟疫和死亡的恐懼，對於神仙、不死的憧憬，對於神獸、神人和「巫術」的信仰。

舊規範與新思想

身處亂世的思想家，由於經常目睹世人的榮辱無常，死生如幻，因此，對於死生的意義，人我的關係，會有較為深沉的省思。尤其是在瘟疫流行的時代裡，人常常不分善惡，一起遭殃，而且，死亡常在瞬間發生，榮華富貴、功名利祿也會在眨眼之間化為泡影，喪失意義。因此，勢必有人會質疑遵守舊有社會規範

的價值和意義何在，或是懷疑上天是否遵循「賞善罰惡」的律則，以致會引發所謂的「思想危機」或「信仰危機」。不過，危機通常也意味著轉機，崩解也才有重建的機會。

事實上，漢晉之際確實是中國思想史上一個主要的變革時期。當時有所謂的「名教危機」，主要表現在儒家經學的衰微，一些「禮法」規範和「天經地義」的價值觀念（如忠、孝）都遭受強烈的質疑和挑戰。但是，當時的思想界也出現了所謂的「自然主義」、「個人主義」、士的「自覺」、「玄學」和「清談」的風氣，展現了新的面貌。當然，在新舊交替之際，有人會急於揚棄舊論、建立新說，有人會勇於捍衛傳統、固守常規，也有人會採取折衷或兼容並蓄的策略。

就以瘟疫對當時人的思想所造成的衝擊來說，從東漢末年起，便有人質疑儒家「仁者壽」這個舊有的說法是否可信，因為，當時實在有太多「仁者」或「善人」死於瘟疫，令人不禁懷疑所謂的「善有善報，惡有惡報」是不是一條鐵律，是不是具有必然性和可信性。而在這一個價值重新估定的時代裡，至少有徐幹、荀爽、孫翺、荀悅等人參與論辯，試圖回應這樣的挑戰。

　　關於道德和壽夭之間的關聯性，當時人主要是藉著顏淵早夭，比干和伍子胥慘死的歷史事實，質疑「仁者壽」和「積善之家，必有餘慶」的儒家信條。面對這樣的質疑，荀爽並不否認顏淵仁而早夭，比干和伍子胥賢而遇害的「事實」，但他卻認為，所謂「壽」是指德義、令聞（美好的名聲）的「不朽」，而不是肉體上的長壽。所謂「慶」是指「求仁得仁」之慶，而不是世俗的榮華富貴。這個說法毫不懷疑舊有的信條和價值觀念，只是強調精神和道德上的價值遠高於形體的長存和享受。

　　同樣面對這個問題，孫翱便有完全不同的看法。他徹底否定人的行為善惡會影響生死壽夭，也不認為善者必得善報，惡者必得惡報。他認為「死生有命」，壽夭不會受到人為因素的左右，「仁者壽」這一類的說法只是統治者用來教化民眾的工具。不過，他還是承認，如果一個社會欠缺這樣的信條，便很難維持良好的秩序。另外，他還批評伍子胥的行事，認為伍子胥悖反「人臣之禮」，增長「叛弒」的風氣，並不是一個善類，而他的下場（身首異處）也毫無吉「慶」可言。

　　針對荀爽和孫翱的論述，徐幹提出強烈的批評，認為他們的看法毫無道理。他說，顏淵是仁者而夭亡，

是一個事實，但卻是罕見的特例，就像四季的氣候偶爾也會「異常」一樣，不能因此便懷疑「仁者壽」的真實性和普遍性。他甚至還舉出古代聖王、賢臣和孔門其他弟子多「長壽」的事實，以證明自己的說法。另外， 對於比干和伍子胥的遭遇， 他並不認為那是「禍」。他說，「禍福」是當事人主觀的感受，沒有絕對客觀的標準，比干和伍子胥是自己主動選擇那樣的「下場」，因此，不能用我們的標準去論斷他們的結局是禍還是福。他還說，即使他們的遭遇的確可以算是一種災禍，也不能因此懷疑上天「賞善罰惡」的必然性，因為，比干和伍子胥的「禍」是他們自己招惹的，並不是上天的懲罰，因此，不能說是上天讓善人不得善報反而得惡報。總之，他堅信「仁者壽」和「積善之家，必有餘慶」的說法正確無誤。

面對眾人的爭論，荀悅似乎試圖調和眾說。他贊同孫翱「死生有命」的看法，認為顏淵夭亡是「命」定的，和他仁不仁沒有關係。其次，他贊同徐幹的「特例」之說，認為顏淵仁而早夭不是常態，就像自然界中，有一部分植物就是無法正常開花、結果，即使氣候正常，也無濟於事。此外，他也贊同荀爽的「不朽」觀念，認為顏淵雖然「短」命，但他的仁德、聲名其

實是「長」命、不朽的。

　　質疑「仁者壽」和「善惡報應」的必然性，在東漢中晚期應該是相當普遍的一股風潮，因為，除了士人階層曾參與論辯，有所回應之外，在當時才剛剛崛起的道教，也在經典中提出解答。

　　例如，《太平經》的〈解承負訣〉便是專門針對這樣的困惑所提出的解釋。從這一篇文字來看，我們知道，當時人確實相當關切為什麼會有「行善反得惡，行惡反得善」這種違反傳統「報應」觀的社會現象。而《太平經》的解釋是，「行善反得惡」的人是因為「承負」先人之過，受到祖先的「餘殃」、「餘災」波及而受害。「行惡反得善」的人是因為「先人」曾經「積善」、「畜功」，「餘慶」流澤後代而受福。

　　根據《太平經》的說法，所謂「承負」，不僅會承受先人、前人的功過禍福，也會「分享」或「承擔」當時其他社會成員的「善功」或「惡果」。換句說法，「報應」的計算基準並不限於個人，而是包含群體和先人在內。這種生死同命、禍福與共的觀念，是將社會視為一個「命運共同體」。因此，如果要防止或消弭社會的災禍，便必須仰賴每一個人的「善行」，不能將所有責任都推給君王或少數的統治者和社會精英。而

為了使自己免於無辜遭殃，也不能只求獨善其身，還必須「兼善天下」，努力勸說他人「行善」，同時，也可以用「革命」的手段終結「惡政」。在這樣的思想指引之下，我們的確看到，六朝時期的道士非常積極的傳教、度化弟子，而有一部分的道士則介入政治或參與「反叛」活動，期盼「天下太平」，無災無禍。

此外，來華的佛教僧人也積極宣揚「神靈不滅」、「輪迴」、「因果報應」的思想，回應當時人對於「善惡報應」的質疑。不過，佛教的「報應」觀是建立在「個人」的基礎上，強調「自作自受」，否認一個人的禍福會受他人行為善惡的影響。至於所謂「善得惡報」或「惡得善報」的情形，是因為只以「現世」的行為做為衡量的標準，才會出現報應錯亂的現象，如果加計「前世」的善惡、功過，那麼，「因果報應」仍然絲毫不亂、準確無誤。

總之，在瘟疫一波又一波的侵襲之下，「禮教」社會舊有的「報應」觀念的確受到很大的挑戰和質疑，儒家陣營之中，不乏就此棄械投降者，但也有人挺身而出，從義理上多方申辯，企圖鞏固舊說。同時，道教為了吸引信徒，也提出了別樹一幟的「承負」說，對於傳統的「報應」觀略做修正。至於佛教，則提出

全新的「輪迴」和「因果」觀，不過，基本立場仍是肯定「善有善報，惡有惡報」這個基本準則。事實上，沒有任何社會可以完全放棄這樣的社會規範。一個不相信「報應」的社會，不可能有所謂的「道德」、「律法」和「秩序」。

醫療之必要

在瘟疫的陰影下，創作文學或吟詠詩歌，或許可以宣洩憂思、鬱悶，可以悼亡慰生，可以傳達恐懼和希望。雕琢仙人、神獸的圖像，刻鏤祈福去禍的銘文，或許可以在心理上或在「無形」的世界裡建立防衛機制。哲學或思想上的論辯，或許可以廓清疑惑，解除迷惘，堅定信仰。可是，對於多數的病者以及周遭的人來說，還是要尋求醫療或解救之道，以免除身心上的痛苦和折磨。而在漢代，病人的選擇不外醫或巫，或是巫醫並用。

醫者與醫術

在中國社會的醫療市場上，在先秦時期，基本上是由巫者所壟斷，因此，在古代文獻裡，巫和醫常常連稱並舉，醫療也是巫者最主要的職務和技能。他們主要以禁忌和鬼神因素解釋病因，以祭祀、祈禱和巫術的手段治病。

不過，最晚從戰國時期開始，我們逐漸看到一些

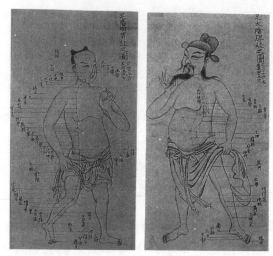

圖8 「足陽明胃經圖」及「足太陰脾經圖」(清代精鈔本《凌門傳授銅人指穴》)

有別於巫師的專業醫者出現。

醫學典範的出現

到了兩漢時期，醫者在人數上更是大幅增加，在醫療市場上逐漸能和巫者分庭抗禮。而且，他們的醫療知識也逐漸系統化和文字化，像醫學理論的經典《黃帝內經》和藥物學的《本草經》都是在這個時候集結成書，成為中國醫學的不朽之作。而西漢初年淳于意(倉公)的「診籍」也成為後代「醫案」或「病歷」

的範本。當時的醫者，以皮毛、肌膚、骨骼、四肢、五官、臟腑、經脈、氣血來解析人體的構成元素，對於人體由胚胎、嬰兒、孩童、成年、以至衰老的生理變

圖9　西漢醫療用之「金針」（西漢中山靖王劉勝墓出土）

化，也有清楚的觀察和認知。在診病技術方面，已發展出以診脈為主的「望聞問切」之術（參見圖8）。對於病因的解釋，則摒棄鬼神之說，以風雨、寒暑、飲食、居處、喜怒、陰陽（房中）解釋生病的緣由，並以針灸（參見圖9，彩圖3）和藥物（參見圖10）做為療病的主要方法。

　　因此，從漢代開始，醫者和醫藥之術便成為病人主要的求助對象之一。當發生瘟疫的時候，皇帝和政府往往會派遣使者或官員帶領官方的醫師巡行疫區，賜藥醫治患者。可是，當東漢末年瘟疫一波接著一波而來之後，便產生兩個困窘的狀況。

　　首先，在眾人皆病的情形下，醫師的人數顯得非常稀少，能獲得醫師親自療治的人並不多，因為，當時社會相當欠缺正式、常規的醫師培育管道，醫術也

圖10　東漢「醫方木簡」（甘肅武威出土）

很難速成。其次，既有的醫學理論和醫學技術很少碰
觸這種大規模的「流行病」，尤其是會造成大量而快速
死亡的「傳染病」，對於當時的醫者而言，是一個新的
經驗和挑戰，因此，一般的醫師面對病人之時，往往
束手無策或盲目投藥，很少能確實辨症，找出病因，
有效醫療。

臨床醫學的誕生

　　不過，在這樣的困境之中，醫學仍然是許多人的
希望所在。有一些人甚至因而投身醫學研究或從事醫
療活動（參見彩圖4），東漢與魏晉南北朝的醫學也因

圖11　皇甫謐像（清代《先醫神像冊》）

而大放異彩。當時不僅名醫輩出（如張仲景、華佗、董奉等），各種類型的醫學著作也大量增加。

　　例如，張仲景的《傷寒論》，結合了辨症和經方，奠定了臨床醫學的基礎，而且發揮《內經》的「熱病」學說，以「傷寒」論述瘟疫的病因、病理和對治之道，因而成為中國醫學理論的新典範。

　　其次，魏晉之時的太醫令王叔和的《脈經》，是第一部有系統的討論脈診技術的專書。另外，西晉皇甫謐（西元215-282年）（參見圖11）所撰的《針灸甲乙

經》也成為中醫針灸學之祖，兩晉之際的道士葛洪所撰的《肘後方》則是中國疾病分類和藥方書的經典之作，而南朝道士陶弘景（西元452-536年）（參見彩圖5）的《本草經集注》和《名醫別錄》對於中國本草學的發展也有關鍵性的影響。至於一些醫師在臨床醫療工作之餘所撰寫或編纂的各種「經驗方」、本草書、針灸孔穴圖等醫藥著作，也成為隋唐醫家常常援引、參考的典籍。

每個時代，每個人從事醫學研究或醫療工作的動機都不盡相同，不過，整體來看，在漢隋之間，推動這股醫學研究熱潮的主要動力，應該是來自瘟疫的衝擊。因為，在瘟疫流行之時，病人勢必大增，醫療市場也會隨之擴大，行醫不僅有利可圖，而且能贏得病者和家屬的尊敬、依賴和感恩，有利於醫者提昇自己的社會地位和影響力，自然容易吸引有志和有識之士投入這個行業。

此外，在瘟疫流行的年代裡，醫藥難求，習醫不僅可以救人，也可以自救。事實上，當時有一些醫者習醫的動機便是為了醫治自己或家人的疾病。例如，張仲景在《傷寒雜病論》的「序」文中便坦承，他研習醫藥主要是受到親人喪命於瘟疫的刺激。根據他的

敘述，他的宗族向來有二百多人，但在獻帝建安初年，在十年不到的時間裡便死去三分之二，而其中高達十分之七是死於「傷寒」。

其次，皇甫謐在《針灸甲乙經》的「序」文中也說，他是在四十二歲時得了「風痺」病，變成半身不遂之後，才開始學醫。到了五十四歲那年，又因為服用「寒食散」（又叫「寒石散」）中毒而大病，痛不欲生，幾乎以自殺了結自己的生命。不過，他最後還是沒有放棄醫學，仍不斷研究，甚至寫下《寒食散論》，專門討論寒食散的藥性、毒害和救治之道。當時服食「寒食散」已經是一種相當盛行的社會風氣，受害者也不少，因此，這篇作品對於當時人來說，即使不是「解藥」，也有警惕的作用。

巫者與巫術

在傳統中國社會，醫者的人數遠不足以應付醫療市場所需，再加上醫藥費用昂貴，一般人很少有機會接受醫者的服務。因此，即使在專業醫者出現之後，醫學理論和醫療技術也受人肯定之時，巫者和一些術士仍在醫療市場上占有一席之地。以漢代和六朝人的就醫習慣來說，便有求醫又求巫的現象，甚至有「信

巫不信醫」的情形。尤其是瘟疫來襲的時候，這種情形似乎會更加普遍，因為，當時人對於瘟疫的理解，大多認為是鬼神作祟所造成。

疫鬼與厲鬼

例如，東漢末年劉熙在《釋名》中對於「疫」這個字的定義便是「有鬼行役也」。至於「行役」的「疫鬼」的身分，王充在《論衡‧解除》中，解釋漢代「逐疫」這種禮俗的由來時曾說，從前顓頊氏有三個兒子，出生不久便夭亡，其中一個住在江水成為「虐鬼」，另一個居住在若水成為「魍魎」，還有一個居住在人房間、居室的角隅和暗處，專門以瘟疫害人，因此，每年歲末，農事完畢之後，便要舉行「大儺」，以「驅逐疫鬼」（參見彩圖6）。由此可見，漢人觀念中的「疫鬼」主要是指夭殤的小兒鬼，平時便居住在水中或房屋中較為隱蔽的地方。

不過，在當時人的觀念裡，會散播瘟疫的「疫鬼」並不僅限於顓頊氏的三個小兒鬼。東漢張衡在〈東京賦〉中描寫當時京都洛陽在歲末舉行「大儺」儀式的場景時，曾經提及所要驅除和消滅的「群癘」，其中便有：螭魅、獝狂、蜼蛇、方良、耕父、女魃、夔魖、

罔象、野仲、游光等十種鬼物。司馬彪所記載的「大儺」儀式中的唱辭也提到十二神（獸）所要宰食的「惡鬼」，共有：殃、虎、魅、不祥、咎、夢、殛死寄生、觀、巨、蠱十種鬼怪。這些鬼怪，都被認為會帶來瘟疫。

其中，張衡所提到的游光和野仲（野重）似乎相當有名，據說，他們共有兄弟八人，常在人間作怪。應劭《風俗通義》也曾經提到，東漢民俗，在夏至或五月五日時，會在手臂上綁上五綵布或五綵絲，布上還要題上「游光」或「野重」二字。據說，這樣便可以使人免於受到兵災和瘟疫的傷害，因為，游光和野重是「厲鬼」的名字，當時人相信，只要知道或誦唸鬼怪的名字，便不會受到他們的侵害。而「厲鬼」又和兵災、瘟疫有非常緊密的關係，因此，才會題上他們的名字。這種民俗，在東漢順帝永建年間（西元126-132年）之後，由於京師連年發生瘟疫，在洛陽一帶格外風行。

所謂「厲」鬼，基本上是指冤死、橫死，不得善終的鬼魂，像因為戰爭、刀兵、刑罰、意外災害、瘟疫、夭殤這些因素而死的人，都可能變成「厲鬼」。另外，死後乏人葬埋、祭拜、奉祀的亡魂，也就是俗稱

的「孤魂野鬼」，也會成為「厲鬼」。

這種厲鬼，或是由於死狀悲慘，或是由於含冤而終，或是由於乏人供養而痛苦不堪，往往會回到人間作怪，向人索求敬意和奉獻。根據民俗信仰，如果不幫他們建立祠廟，不向他們獻祭，那麼，各式各樣的災禍便會跟著而來，直到他們的憤怒、怨恨被撫平為止。其中，力量最強大的是那些因刀兵之災而死的鬼魂。他們最常用來恐嚇、傷害人的災禍就是瘟疫。事實上，醫學上所說的瘟疫在古代文獻中常常寫做「疫癘」、「癘疫」，便和這種「厲鬼」信仰有關。

中國社會中的厲鬼信仰，從先秦時期便已存在，不過，從東漢以後，一直到南北朝時期，在頻密的戰爭和瘟疫不斷衝擊下，這種信仰顯得更加興盛。在這個時期，許多所謂的「怨靈」都成為民眾奉祀的對象。其中，忠貞卻受冤屈而被殺害的，有春秋時期越國的文種和吳國的伍子胥、東漢末年袁紹的臣下田豐、三國時期魏國的大將鄧艾。因叛亂或戰敗而自殺或被殺的，有楚漢相爭時的項羽和韓信、兩漢之際的王莽、三國時期魏國的鍾士季、東晉時期的蘇峻。因追捕盜賊，不幸被殺，因公殉職的有東漢末年的蔣子文。另外，六朝時期還增加了幾位女性的「怨靈」，比較著名

圖12　紫姑像

圖13　伍子胥像

的，有被婆婆虐待而自殺的丁姑、被丈夫殺害的梅姑、被大太太（大婦）凌虐而自殺的小妾紫姑（參見圖12）、未嫁而亡的「姑娘」蔣姑。

　　這些鬼魂，大多是在死後顯靈或附身在巫者身上「開口」而受到注意，並獲得祭拜。其中，像項羽、伍子胥（參見圖13）、蔣子文（參見圖14），都是當時聲名遠播的「大神」，廟宇散布在江南各地，香火延續了千年以上。蔣子文甚至還屢屢獲得歷代君王的封號，從三國吳大帝孫權封他為侯之後，一路爬升，由侯而王，最後還稱「帝」。在南朝時期，「蔣帝」在民間信仰和國家祭典中的地位，幾乎和明清時期的「關帝」

圖14　蔣子文像

一樣崇高。

替這一類的鬼魂「立祠」，給予祭祀和尊號，主要是為了平息他們的憤怒，撫慰他們的怨恨，使他們不必四處流浪，不再擾亂人間或釀成瘟疫。因此，除了那些個別的「怨靈」之外，歷代政府往往還會定期祭「厲」，使眾多無名無姓、無人祭拜的鬼魂都得以接受供養，都能和人保持良好、和諧的關係。

辟疫與禳除

不過，人和厲鬼之間往往很難和平相處，有些人不願意臣服於「厲鬼」的「淫威」之下，不肯「禮拜」所謂的「淫昏之鬼」或「敗軍死將」，因此，他們往往採取強硬、抗爭的手段對付厲鬼。尤其面對疫鬼時，他們往往會使用各種「巫術」加以驅除或斬殺，像前面所提過的「大儺」或「逐疫」的儀式，以及在手臂綁上五綵布，都是這一類的方法。另外，漢代人也習

慣在身上佩帶各種珠玉和「剛卯」，而從考古出土的漢代剛卯上的刻文內容來看，佩帶這種玉石或木頭所製的「吉祥物」，主要就是為了要「辟除」瘟疫，使疫鬼不敢近身。

除了「防身」之外，還有些法術是針對居住環境的。例如，緯書《龍魚河圖》便說，在歲末的晚上，四更時，將十四顆豆子和十四粒麻子，摻雜著家人的幾根頭髮，一起丟進井中，並對著井唸咒，便可以使全家境內一年之中都不會遭受「傷寒」的侵害，可以辟除「五方疫鬼」。而用「朱索五色印」或桃印做為門飾，或是殺白犬用血擦拭門戶，據說也有這樣的功能。

在身上佩「符」或在門上掛「符」也是當時流行的「辟疫」之術。例如，根據曹植〈說疫氣〉的記載，東漢獻帝建安二十二年(西元217年)瘟疫流行的時候，患者死傷慘重，「家家有僵尸之痛，室室有號泣之哀」，而一般民眾都認為這是「鬼神所作」，因此，大多「懸符厭之」。所謂「懸符」，一般都是掛在門上，不過，根據六朝道教經典的說法，這種「辟瘟疫符」也可以佩帶在身上。而符一般多和咒一起使用，因此，文獻上常有「符咒」、「符祝」這一類的名詞。

咒有時候也可以單獨用來「辟除」或「禳除」病

鬼、疫鬼。例如，馬王堆漢墓出土的《五十二病方》中便記載了不少治病的咒語和咒術。而在東漢末年，當瘟疫流行之時，南方也有兩位巫師（徐登和趙炳），能用「禁架」（禁咒）之術替人療病。

由於當時流行各種治病和辟疫的巫術，因此，精通此道的巫者自然成為眾人求救的對象，這也使巫者在惡劣的環境中能殘存苟活。因為，從漢代開始，巫者的政治、社會地位便不斷下降。他們不僅被剝奪當官的權利，淪為社會的「賤民」，還不時遭到儒家官吏的迫害。幸好在民間他們還掌控了大部分的宗教、祭祀活動，才免於被徹底剷除。但是，到了六朝時期，佛、道二教興起以後，他們又增加了新的競爭者，在宗教市場上，道士或僧尼也能提供類似巫者的服務，甚至能取而代之，像「祈雨」便是最明顯的例子。幸好，接踵而來的瘟疫，以及深入人心的厲鬼信仰，使向來以祈禳、治病為主要職事的巫者，有了更寬廣的舞臺和更多的活動機會，得以吸引一批信賴「巫術」的信徒。不過，即使是用巫術治病，巫者也不再是唯一的專家，不再是病者唯一的選擇（參見彩圖7）。

道經釋病

從東漢中晚期開始，民眾生病或面對瘟疫的時候，雖然可以和早年一樣，求助於醫者或巫者，也可以親自研習醫術或操作巫術，不過，他們開始有了新的選擇。例如，梁武帝（於西元502–548年在位）的時候，郭祖琛曾指出，當時的病人在就醫時至少有四種選擇。他們可以找醫者或「俗師」（包括巫師和術士），也可以找道士或僧尼。

在這四種人之中，最值得我們注意的是道士，因為，道教正好是在瘟疫流行的背景下崛起，不少道團的領導人都擅長治病，而且經常以醫療佈教，有一些道士在醫學上也有不朽的成就。有人甚至將這個時期的中國醫學稱之為「道醫」的階段。

然而，道教究竟如何面對瘟疫和疾病呢？首先，讓我們先看看道教的經典如何解釋疾病和瘟疫的起因及緣由。

《太平經》的理論

治身與治國

　　《太平經》被認為是道教所創作的第一部經典，主要的內容是在東漢中晚期寫成。全書主旨在於陳述「治國」和「治身」之道，希望修道之士和「有德」之君能夠奉行書中所說的道理，使天下太平，人民長壽安康。其中，「治身」之道，根據修練者的資質和稟賦，可以發揮治病、長壽和成仙這三個不同層級的功效。

　　有一些傳述《太平經》出世與流傳經過的神話，也顯現出這種「身國並治」的旨趣。

　　根據葛洪《神仙傳》和寫成於隋代的〈太平經複文序〉的記載，最早擁有這部書的是仙人帛和。據說，帛和曾經化身為一個老翁在市場裡賣藥，有一位叫干吉（或于吉）的人，得了癩病，數十多年了，用盡各種藥物都治不好。當他遇見帛和之後，便向帛和求救。帛和於是傳授給他二卷「素書」，要他依照書中的指示修練，並且告訴他，這二卷書是《太平本文》，可以演繹成一百七十卷，編成三百六十章，然後「普傳於天

下」，傳授給「有德之君」，使天下太平。如此一來，不但可以治好癩病，還可以「度世」成仙。干吉依照帛和的指示行事，果然病癒，成為有道之士。後來，有一位徐州刺史桂君，也得了癩病，長達十年，所有醫師都無法治好。他聽說干吉「有道」，便前去求醫。干吉為了考驗他的誠心，便要他辭官，並把他留在身邊養馬，經過三年之後，才賜給丹藥，並傳給他一百五十卷的書。

這則「故事」所敘述的是不是真實的成書和傳授過程，很難斷定。不過，從現存的《太平經》來看，整部書至少有三種截然不同的文體，作者應該不只一人，因此，是有可能先有篇幅較少的《太平本文》，再由後人增補、編輯而成。

無論如何，從這樣的故事可以知道，在當時人的心目中，《太平經》基本上是一部「治病」之書，不過，書中所說的道理不僅可以用來治病，還能令人長生、成仙，而且還有治國的方法，可以使天下太平。由此可見，這部書的創作動機，的確是為了解決當時的動亂和瘟疫橫行的社會危機。

承負之過

事實上，這部書有相當多的篇幅都是在解釋當時瘟疫流行、人民多病的緣由。《太平經》認為，由於「承負」前人的罪過和災害，當時往往每個人都有百病或數十病在身。不過，這種情形也不能完全歸咎於前人造孽，當時人也有責任。

這樣的觀點基本上是接受了漢代「災異」思想的解釋，認為瘟疫是由帝王施政不良和行為不當所造成，是天地鬼神對帝王的一種「諫正」和警告，而人民所流行的每一種病都可以在政治上找到根源。例如，刑罰太重、太急會導致人民多「病猝死」，官吏貪污腐化會使人民罹患各種皮膚病。

不過，漢代的儒者或術士基本上是將所有的責任都推給帝王一人，而《太平經》的作者則認為，官吏、人民和古代的帝王、先人也要分擔一部分的責任。換句話說，天下興亡，不僅活著的帝王、匹夫有責，死人也無法卸責。

善惡與鬼神

其次，《太平經》也接受了漢代巫者和民間流行的

觀念，認為鬼神會作祟、降禍於人，使人生病或造成瘟疫流行。像所謂的鬼物、老精、凶殃、凶神、尸咎、尸鬼，都會令人生病、奪人性命。不過，這部書的作者特別強調，這些鬼神不會無緣無故害人，而是因為人的行為有了過失或罪惡，上天才會派遣他們降罰，令人生病。

根據《太平經》的說法，天地間隨時隨地都有鬼神在監視人的一舉一動，而且，人的身體之內還有鬼神常駐在內，其中，最重要的是「五神」（五臟神）。人如果有邪心惡念，或是動作言行有失「誠信」，五神立刻會向天廷報告，上天便會派遣凶神、鬼物侵入人的體內，使人生病。如果罪行嚴重，甚至會因而病死。

至於具體的「惡行」，包括：不孝順、侵害善人、誣告他人、劫奪財物、不敬事老人、擄掠婦女、不敬信鬼神、厚葬、隨意「興工起土」（動土、建築）等。《太平經》認為，當時所以會「病者不絕，死者眾多」，便是因為「惡人」太多，不合「天心」所致。

形體與精神

另外，《太平經》也有一些接近醫家觀念的說法。例如，書中也以四季失序、寒暑異常、風濕來解釋人

疾病終結者
068

民多病的現象。

其次，這部書認為，人除了形體之外，還有「神」或是所謂的「精神」、「神明」、「精氣」。人體中的每個部位和器官，如頭、腹、四肢、五臟等，都有「神」駐守，神如果離開形體，便會使人生病。例如，肝神不在會「目不明」，心神不在會「唇青白」，肺神不在會「鼻不通」，腎神不在會「耳聾」，脾神不在會「口不知甘」。

「神」所以會離開形體，主要是因為人有「邪心惡意」或是「胡言亂語」、「喜怒無常」。當身中的神「遊於外」，常常會導致「外邪」入侵，因而「中邪」，招致癲狂之疾。

這種說法雖然很接近醫家的身體觀以及「喜怒」為致病之因的觀念，連一些名詞，如神、邪、精氣、狂等，都沒有什麼不同。不過，在《太平經》裡，所謂的「神」、「邪」基本上是屬於宗教的範疇，具有鬼神的含意，和醫家的認知不盡相同。

東漢之後的道教經典，對於疾病原因的解釋，大致來說，都沒有脫離《太平經》所陳述的一些基本立場，只是每部經典所強調的重點各有不同，或是對於部分觀念做了更進一步的闡釋和發揮。

《黃庭經》與「身中神」

以「身中神」的概念來說，在《太平經》中只強調「五神」，但是，在魏晉時期問世的《黃庭經》已進一步擴充為「二十四神」。

這部書將人體分為上元、中元、下元三個部分，並有所謂的「三丹田」。上丹田在腦，又叫泥丸。中丹田在心，又叫絳宮。下丹田在臍下三寸的氣海，又叫精門。人體的「三部」，每一部都有八個主神，全身有二十四主神，因此，這種觀念又叫「三部八景二十四神」。

不過，對於二十四神的名稱，道教經典並沒有完全一致的說法。無論如何，根據六朝時期靈寶經派的經典《洞玄靈寶二十四生圖經》，以及時代較晚的《太微帝君太一造形紫元內二十四神回元經》、《二十四神行事訣》、《洞玄靈寶三部八景二十四住圖》這些道經的敘述來看，三部二十四神的名稱、字號、大小、衣著，大致如下：

上部八景神

1.腦神：名覺元子，字道都。長一寸一分，白

衣。

2. 髮神：名玄父華，字道衡。長二寸一分，玄
衣。

3. 皮膚神：名通眾仲，字道連。長一寸一分，
黃衣。

4. 目神：名靈監生，字道童。長三寸五分，青
衣。

5. 項髓神：名靈謨蓋，字道周。長五寸，白衣。

6. 膂神：名益歷轉，字道柱。長三寸五分，白
玉素衣。

7. 鼻神：名仲龍玉，字道微。長二寸五分，青
黃白色衣。

8. 舌神：名始梁峙，字道歧。長七寸，赤衣。

中部八景神

1. 喉神：名百流放，字道通。長八寸，九色衣。

2. 肺神：名素靈生，字道平。長八寸一分，白
衣。

3. 心神：名煥陽昌，字道明。長九寸，赤衣。

4. 肝神：名開君童，字道清。長六寸，青衣。

5. 膽神：名德龍拘，字道放。長二寸六分，青

黃綠衣。

6. 左腎神：名春元真，字道卿。長三寸七分，衣五色不定。

7. 右腎神：名象他无，字道玉。長三寸五分，衣白或黑。

8. 脾神：名寶元全，字道騫。長七寸三分，正黃衣。

下部八景神

1. 胃神：名同來育，字道展。長七寸，黃衣。

2. 窮腸神：名兆騰康，字道還。長二寸四分，黃赤衣。

3. 大小腸神：名蓬送留，字道廚。長二寸一分，赤黃衣。

4. 胴中神：名受厚勃，字道虛。長七寸一分，九色衣。

5. 胸膈神：名廣瑛宅，字道沖。長五寸，白衣。

6. 兩肋神：名辟假馬，字道成。長四寸一分，赤白衣。

7. 左陽神：名扶流起，字道圭。長二寸三分，青黃白衣。

8.右陰神：名包表明，字道生。長二寸三分，
　青黃衣。

　　除了這二十四神之外，人體的各個部位其實也都
有神明駐守、居留，以護衛人的生命和健康。因此，
一旦這些身中神離身或怠忽職守，便容易招致「外邪」
的入侵和傷害，以致生病或死亡。

三尸與九蟲

　　「尸蟲」是和「身中神」息息相關的一個概念。
　　在《太平經》中已經有「三尸」、「尸咎」、「尸鬼」、
「腹中三蟲」這類的名詞，也提到疽、疥、瘯、蠱、
齲等蟲名，並說這些蟲都會令人生病。這些蟲也是在
人體之內，在概念上，很像王充《論衡》所提到的「腹
中三蟲」，算是一種寄生蟲。不過，因為《太平經》中
也有「三尸」、「尸鬼」的概念，因此使「三蟲」蒙上
一層神秘的色彩。
　　到了魏晉時期，「尸蟲」便很明顯的和「身中神」
的概念結合在一起。例如，葛洪在《抱朴子》裡便說，
人的身體之中有「三尸」（或「三尸九蟲」），雖然無形，
卻和鬼神、靈魂一樣。這種「三尸」在人死後，可以

變成鬼（或尸鬼），自由遊行四方，享受人的祭祀。因此，常在「庚申」之日，上天向司命神報告人的過失，讓天神減損人的壽命，使人早死。另外，在月晦之夜，灶神也會上天報告人的罪狀。由此可見，「三尸」和灶神都是天庭派駐在人間的「監察」人員，只是一個在體內，另一個在家中。

這種「三尸」，又叫「三尸蟲」或「三尸九蟲」，和「身中神」一樣，也有名稱、尺寸、顏色和住所，而且，對人體會造成特定的傷害或疾病。例如，唐朝末年完成的《太上除三尸九蟲保生蟲》便綜合了六朝、隋唐時期的一些說法，詳細的列舉三尸（上尸、中尸、下尸），九蟲（伏蟲、回蟲、白蟲、肉蟲、肺蟲、胃蟲、鬲蟲、赤蟲、蜣蟲）對人體的危害和剋制之道。

例如，上尸叫彭琚，小名阿呵。住在人體的頭部，會傷害人的泥丸、丹田。使人頭重、眼昏、流淚、流鼻涕、耳聾、齒落、口臭、面皺。必須勤練道功、「守庚申」（也就是在「庚申」夜不寐）、服食朱砂、芝草之類的靈藥，才能將牠除去。

中尸叫彭瓆，小名作子。住在人體的心腹之中，會傷害人的絳宮、中焦。使人好吃、好色、心迷、健忘、少液、氣乏、荒悶、煩躁、口乾、目白、齲齒、

惡夢、鬼交遺精、小便赤白、嘔吐、多痰、耳鳴、虛汗、精神恍惚、白日昏沉、晚上睡不安穩。必須清心寡欲、服用丹藥或柏才能除害。

下尸叫彭矯，小名季細。住在人的胃和足部，會傷害人的下關、氣海，引發百病。使人貪戀女色和嗜欲，無法克制，令人髓枯、筋急、肉燋、意倦、身虛、腰重、腳膝無力、頻尿、五勞、七傷，而且還會傳染他人。必須服用水銀、湯藥、丹砂、真鉛，才能消滅這種尸蟲。

至於「九蟲」，根據原書中的插圖，以及這些蟲所會引起的病症來看，有些學者認為，似乎就是現代醫學所認識的一些寄生蟲，如鉤蟲、蟯蟲、蛔蟲、肺吸蟲、蟓蟲、薑片蟲等。

總之，當時人認為，每個人的體內與生俱來便有各種蟲，而且會「有始有終」的伴人一輩子，許多疾病都是因為這些蟲在體內作怪所造成。因此，道士將尸蟲視為成仙的最大障礙，並且發明了各式各樣的方法，想將牠們殲滅或排出體外。這種觀念也深深的影響了當時及後代的醫家，許多中國的醫藥典籍，都收錄了去除三尸、九蟲的藥物和方法。

疫鬼、瘟神與末世

關於大規模的瘟疫，《太平經》基本上接受了漢人的觀念，相信上天會派遣鬼神到人間降災，造成疫癘流行，只是不曾多加申論。但是，接踵而來的瘟疫，迫使六朝的道士必須提出一套比較完整的說法，因此，在當時紛紛出籠的各種「末世」論中，便多帶有專論瘟疫的文字。

《女青鬼律》

例如，道教早期的戒律書《女青鬼律》便說，「末世」之時，由於世人作惡多端，導致「陰陽不調、水旱不適，災變屢見」，「寇賊充斥」，「萬民流散、荼毒飢寒」，死者過半，十有九傷。因此，太上道君決定「賞善罰惡」，驅除「惡人」，留下「善種人」（又叫「種民」）。而「驅除」的主要方法就是派遣「五主」分領萬鬼，分布天下，以「誅除凶惡」。至於所謂的「五主」，是指：

東方青炁鬼主：劉元達，行惡風之病。
南方赤炁鬼主：張元伯，行熱毒之病。

西方白炁鬼主：趙公明，行注炁之病。

北方黑炁鬼主：鍾士季，行惡毒、霍亂、心絞痛之病。

中央黃炁鬼主：史文業，行惡瘡、癰腫之病。

這應該是從漢代「五方疫鬼」的概念衍伸而來。五方「鬼主」各自掌管某一類的疾病，可以帶領萬鬼，施行瘟疫。這也成為後來中國民間「五瘟神」信仰的主要根源（參見圖15）。

圖15　五瘟使者像

除了「五方鬼主」之外，《女青鬼律》還提到許多專門「行疫」、害人的鬼物。他們應該就是「五方鬼主」所統領的「萬鬼」。其中，有五方溫鬼兄弟七人（東方青溫鬼咎遠、南方赤溫鬼士言、西方白溫鬼堯、北方黑溫鬼天遐、中央黃溫鬼太黃奴、第六

溫鬼誅女、第七溫鬼伯陵），以及他們的祖父（梁州）、祖母（交成）、父（延年）、母（出中），共十一人，能夠「隨月行毒，以誅惡人」。而且，還有「九蟲之鬼」會協助中央黃溫鬼（太黃奴）一起施行「毒氣」。

其次，一年十二個月之中，各有一個「溫鬼」負責「傷害群生」，他們也各有名字：正月名惟、二月名腫、三月名劉、四月名存、五月名垒、六月名殍、七月名半、八月名懷、九月名農、十月名卑、十一月名嬴、十二月名堅。

此外，每一天也都有一個當值的「溫鬼」：子日名根、丑日名蕩、寅日名怡、卯日名疑、辰日名厄、巳日名愛、午日名悟、未日名奴長、申日名未、酉日名石、戌日名志、亥日名憂。至於他們害人的時刻，則會依照地支「十二時」的次序進行，並且秉承「五方鬼主」的命令行事。只要是「不行道戒」的人，都會受到殃害。

《太上洞淵神咒經》

除了《女青鬼律》之外，大約成書於東晉至南朝初期（也就是西元第四世紀末至第五世紀初）的天師道經典《太上洞淵神咒經》，也有類似的觀念。

　　這部書指出，在庚辰、辛巳、壬午、癸未、甲申這幾年間（或許是指西元380-384年），天下流行「九十二種疫病」。這些疫病的病症包括：頭痛、目眩、耳聾、黃疸、癰腫、下痢、霍亂、吐血、流鼻血、四肢酸痛、陰部腫大、陽痿、悲傷、驚恐、失眠、幻覺、胡言亂語、精神恍惚、精神失常、猝死等。至於瘟疫流行的原因，則是因為時值「大劫之運」（末世），上天派遣「疫鬼」（或「疫癘」之鬼）以「病」殺死「不信道法」的「惡人」。

　　這種「疫鬼」大多成群結隊，常常有數十萬之多，而且，基本上都是在所謂的「魔王」、「鬼王」的帶領下，秉承上天或太上道君的命令，在特定的年歲、時日到人間「行疫」，索取「惡人」的性命。不過，他們如果胡亂傷害「善人」或道教的「種民」，則會遭受天廷的處罰。

　　除此之外，還有一些「惡鬼」也能「行疫」病人，但是，他們並不在太上道君的統轄範圍之內。《太上洞淵神咒經》說，當時有許多「大鬼主」，其中比較重要的有「五通大鬼」（王翦、白起、韓章、樂陽、楚狂），以及鄧艾、鍾士季、趙山、王莽、李敖、杜周、劉斗烏、王離、夏侯嬰、蔣公琰、南陽葉公里、夏檀支、

蕭何、申屠伯、韓信、田進、梁洪、高沛、孫溫、司馬迴、劉元達等。他們生前大多是「大將、任事」之人，死後獲得百姓立祠、供養，其他鬼物便依附在他們麾下。他們因而各擁兵馬，能在天下各地「作祟」，年年月月，能「行千萬種病」，令人四肢沉重、寒熱不定、下痢、臃腫、腹中積水、頭痛、目痛、黃疸、咳嗽、咽喉不通，殺人無數。

這種「大鬼主」和他們手下的「小鬼」，「行疫」害人的原因和「魔王」、「疫鬼」並不相同。他們大多是所謂的「壞軍敗將」，戰死沙場、身受刀兵之害，有人露屍荒野，有人骨節分散、身首異處，或是有身無頭、有足無手、有口無目。由於死後「精神」無法集聚，因此「千千萬億」的鬼魂便游走四方，作妖作怪，不分善惡，令人諸事不順、百病叢生，無辜受害者不計其數。他們的目的是要向世人索求「血食」、祭品。其中，一些有名的將軍（如王翦、白起、韓信），大多能獲得百姓的供養，而其他鬼魂便成為他們的部眾、兵馬，在陰間形成一股強大的勢力。

這種對於「壞軍敗將」的信仰，其實就是巫者所推動、支持的「厲鬼信仰」，橫死的敗將常常成為巫者崇奉的主神，因此，道教的經典對於這樣的信仰便大

加撻伐，並且宣稱，太上道君會派遣正一功曹、大明
使者、驗神使者、赤盧大禁兵等神明，手持大戟殺鬼
之具，帶領大批的「太上強力健士」和兵眾，到人間
收捕、斬殺這些鬼主、兵主。

　　總之，六朝的道教經典，基本上將瘟疫視為鬼神
「行疫」、「行瘟」所致，而瘟疫流行則是「末世」的
一種表徵。當此之時，上天會藉「疫鬼」之手消滅不
奉道法、不守道戒的「惡人」，只留下行善的道教「種
民」。至於無辜受害的人，則應該歸咎於巫者和民間所
崇拜的那些「壞軍敗將」和屬鬼。要免除他們的傷害，
唯一的辦法就是信奉道教，接受道教神靈的護祐和道
士的醫療。

惡行與戒律

　　無論是利用「承負」，還是用「身中神」、「尸蟲」
和「疫鬼」的概念，道教在解釋病因的時候，大多會
強調個人的「惡行」才是生病的終極因素。

　　但是，究竟什麼樣的行為才是「惡」的，每部道
經都各有主張。有的只有非常空泛的界定，有的則詳
細條列各式各樣的惡行或罪行。無論如何，為了防止
道教信徒和道士無意間犯下罪惡，在入道之初，通常

會在道師的指導、監視之下，發誓「守戒」，然後才能接受道經、道籙和道法。至於戒律的條文多寡和詳細內容，則會因道徒或道士品階和道行的差異，或因道派的不同，而有一些出入。

一般來說，剛入道者都要嚴守基本的「五戒」：

1. 不得殺生。

2. 不得嗜酒。

3. 不得口是心非。

4. 不得偷盜。

5. 不得淫色。

這和佛教的「五戒」大致相同。另外，還有所謂的「八戒」、「九戒」、「十戒」、「二十七戒」、「百八十戒」等，基本上都是由這「五戒」擴充而來。其中，以《雲笈七籤》所引述的《妙林經》「二十七戒」最具代表性，其內容為：

1. 不得盜竊人物。　　2. 不得妄取人財。

3. 不得妄言綺語。　　4. 不得因恨殺人。

5. 不得貪嗔痴恨。　　6. 不得慢老欺人。

7. 不得咒詛毒心。　　8. 不得罵詈高聲。

9. 不得吡毀謗人。　　10. 不得兩舌邪佞。

11. 不得評人長短。　　12. 不得好言人惡。

13. 不得毀善自譽。　　14. 不得自驕我慢。

15. 不得畜毒藥人。　　16. 不得投書譖善。

17. 不得輕慢經教。　　18. 不得毀謗聖文。

19. 不得恃威凌物。　　20. 不得貪淫好色。

21. 不得好殺物命。　　22. 不得耽酒迷狂。

23. 不得殺生淫祀。　　24. 不得燒野山林。

25. 不得評論師長。　　26. 不得貪惜財賄。

27. 不得言人陰事。

　　觸犯「戒律」，不僅會失去身旁善神和道教神祇的護祐，還會遭受天地鬼神的懲罰，招致各種災禍，而最常有的災禍就是生病。例如，六朝晚期（大約是西元六世紀中葉）成書的《洞玄靈寶三洞奉道科戒營始》（金明七真撰）和《太上業報因緣經》都有八十多條「罪業因緣科戒」，其中，會引起疾病的至少有下列二十七條：

　　1. 毀壞天尊和大道神像者，會生腫癩病，「遍身

膿血」。

2. 訾毀道教的道法和經典者，會「舌根爛壞」，
   常有「纏喉之疾」和眼睛方面的毛病。

3. 毀謗出家道士者，會得蟲癩病。

4. 破壞道觀、道壇者，會「眉髮墮落」，「身體
   爛壞」。

5. 不尊敬天尊和大道者，會得「愚、癡、憨、
   矮、癲、狂」這一類的病。

6. 不相信道經、道法和報應者，會盲聾。

7. 輕慢出家道士者，會跛躄。

8. 邪淫好色者，會得「風邪、癲狂、惡病」。

9. 偷盜信徒施捨給道教的財物者，會得癲狂病。

10. 啖食奉獻給道教的果實、蔬菜者，會得消渴
    病。

11. 偷盜道教的經、像和財物者，會得癩病。

12. 罵詈出家道士者，會得「風癇、重病」。

13. 破齋犯戒者，會得「咽喉疾閉」之病（噎病）。

14. 殺獵眾生者，長受「風病」。

15. 食肉者，得惡病、百病。

16. 不敬「三寶」（道、經、師）者，會「手腳攣
    跛」。

17.不信經法，輕忽「三寶」者，會「兩眼雙盲」。

18.詈毀道教的「三洞大乘經教」者，會「舌根爛壞」。

19.誑惑「三寶」者，多患「瘡癬、腦疽、背癰、癩瘡」，求生不能，求死不得。

20.毀謗「三寶」者，會「眉毛墮落」、「身體爛壞，節節自落」。

21.破壞道場者，會「唇僥齒落、鼻梁崩裂」。

22.恐嚇、欺忽「三寶」者，會「曲腰、歧胸、傴背、短腳」。

23.欺忽「三寶」、斜眼偏視「三寶」、不信「因緣罪福」者，會得「癲狂、風邪、迷惑」之病。

24.罵詈「三寶」者，會「形容瘡腫、醜陋」。

25.誹笑出家道士者，會「眼赤、口斜、鼻傾不正」。

26.誑惑、欺忽「三寶」者，會「愚癡長病、意智不足」。

27.「布施不還」及墮胎者，會得「風邪、癩病、狂言」之病。

由這些條文來看，在當時道教人士的眼中，最大的「罪惡」便是「不信」道教，幾乎所有的「罪行」都來自不信，不敬、輕忽、嘲笑、破壞、毀謗、傷害道教的道法、道經、戒律、神祇和道士。至於因此而招致的疾病，主要是皮膚病（尤其是癩病）、五官和肢體上的殘障或毛病，以及精神方面的疾病。

道士治病

真正能令人信從的醫者，除了必須能診察症狀、找尋病因之外，最重要的還是要能夠採取適當的醫療措施，以解除患者的痛苦。在這方面，道教也不敢輕忽。事實上，不少早期的道教經典都對治療疾病的方法有所著墨。

巫醫、神仙與宗教

以最早的經典《太平經》來說，這部書在解釋病因的時候，也提出了相應的治療方法。基本上，當時所流行的幾種治病的方法都被收羅在內。

《太平經》的作者認為，當時瘟疫橫行，許多人都多病纏身，因此，必須集合各種擅長治病的人士，各自發揮所長，通力合作，才可能消除疾病。而被認為有能力治病的，包括：「卜卦工師」、「大醫」長於藥方者、「刺工」長於刺經脈者、長於「灸」者、長於「劾」者、長於「祀」者、長於「使神自導視鬼」者。這七種人所使用的方法，其實不外乎醫術和巫術。

醫者之術

　　就醫術來說，《太平經》相當肯定使用方藥和灸刺的方法治病。同時，這部書的作者也指出，使用草木和生物（禽獸）做為方藥，是因為這些方藥中含有鬼神之力，有「天上神藥」，因此，可以用來治病。同樣的，因為針是「少陰之精，太白之光」，主掌「斬伐」，而灸則是「太陽之精，公正之明」，主掌「察姦、除惡害」，因此，可以「調安三百六十脈」，除疾治病。這樣的解釋雖然和醫家的看法很不一樣，卻和《太平經》將疾病的主因歸之於鬼神的「病因論」可以互相呼應。

巫者之術

　　其次，巫者慣用的祭祀、祈禱、符咒、禳除之法，《太平經》也全盤接受，並加以改造，以納入道教的信仰體系之中。以符咒、禳除的方法來說，《太平經》也說可以用「丹書吞字」來去除疾病。而所謂的「丹書」又叫「天符」、「複字」，這種「符」因為是「天刻」的文字，是「天上文書」，因此，吞入腹中之後，可以召喚天上的神吏或「天醫」進入體內，巡行各處，消除邪氣、鬼物，治病強身。

　　同樣的，用「咒語」也可以治病，因為，這是所謂的「神祝」，是天上的「神聖要語」，可以用來召請「真神」替人除邪癒疾。由此可見，《太平經》中的符咒、禳除之法，在技術層次上和巫者的法術並沒有太大差異，但是兩者的信仰基礎卻不相同。

　　祭祀和祈禱的方法也有類似的情形。巫者主要是向那些作祟、令人致病的鬼神獻祭，祈求免除病痛。而《太平經》雖然不反對「祭禱」，但卻認為巫者的祭儀根本無效，只是浪費酒、牲和祭品，只會耗損時間和錢財，因為，真正的病因在於個人的「惡行」招致上天派遣鬼神降罰，因此，不能用「祭品」來「賄賂」令人生病的鬼神，而必須直接向上天「自首」、「悔過」，哀求主宰世人壽命的天曹赦免罪過。在這種情形下，罪輕者便可以獲得原諒而痊癒，但罪孽深重者，則無法被寬貸，只有死路一條。因此，防治疾病最好的方法還是在於「行善」。書中也說，人如果「真道德多則正氣多」，正氣多便可以「少病而多壽」。至於具體的「善行」，主要是指忠、孝、誠實不欺、對人和善這一類的傳統道德條目，而更重要的是要「信道」、「奉行道戒」。

神仙方術

此外，根據「身中神」的觀念，《太平經》也發展出一套以「存思」為主的治病方法。這種方法在書中稱之為「思神」、「守一」。

所謂「思神」法，主要是根據季節、五行的變化，「存想」「五方神吏」（又叫「五行神」或「五德之神」），使他們進入身體之中，和體內的「五臟神」內外相合相應，以除去邪氣，治療各種疾病。為了幫助存想，也可以在空屋的牆上懸掛「五神」的神像。「神像」的模樣，都是穿著三重衣服，戴冠幘，乘馬，手持兵器，衣冠和馬的顏色，以及兵器的種類，各依五行，分別為：

東方青色，持茅。

南方赤色，持戟。

西方白色，持弓弩、斧。

北方黑色，持鑲盾、刀。

中央黃色，持劍、鼓。

至於「神像」的尺寸、大小和數量，書中有許多不同

的說法，不過，基本的做法和概念，都沒什麼差異。這種方法又叫做「懸像還神法」。

　　「守一」又叫「守一明」之法，也就是要存念「精神」，使「精神」不致離散，得以和身體常常合而為一。如此一來，便可以消除百病。經常鍛鍊，還可以長命「萬歲」。至於具體的存念方法，則是要專一存想「精神」，使體內像有「光明」之「火」，並且要「守之無懈」，使「火」由正赤變正白，再由正白轉正青。有點類似後來「丹鼎」學派所說的「爐火純青」。至於這種方法的源頭則是漢代神仙家的養生術。

　　除了「存思」之外，《太平經》也接受神仙方術中的「辟穀」之術，強調「少食」、「不食」的好處，同時認為，若能「節食千日」，便可以去除身體的所有疾病。

太平之術

　　至於因為「承負」或「惡政」所導致的疾病、瘟疫，主要還是要靠良好的政治措施才能解救。其中，君王的責任最為重大，施政必須「上得天心，下得地意」，使「天地合和，三氣俱悅」。比較具體的做法則是要斷絕「刑罰、兵杖、爭訟」，也就是要行「仁和」

之政。如此便可以降伏「精物、鬼邪」，使天下沒有「夭折」、病死、疫死之人。

總之，《太平經》所主張的治病方法，事實上是結合了既有的巫術、醫術和神仙家的「養生術」，並將這些方術納入道教的信仰體系中加以改造，強調「善行」和「道德」的重要性，以及「天」和「鬼神」在治病之事上擁有終極的支配權力。

《抱朴子》的主張

《太平經》的這一套方法，到了魏晉南北朝時期，又有了更進一步的發展。而在六朝道經之中，最能繼承、發揮《太平經》醫療主張的應該是葛洪的《抱朴子》。

葛洪認為造成人類死亡的因素不外乎 「諸欲所損」、「老」、「百病所害」、「毒惡所中」、「邪氣所傷」和「風冷所患」。這六項因素其實也都是「病因」。因此，葛洪認為，治病、辟疫，消災、去禍，乃至延年益壽、長生不老、得道成仙，有一貫的道理和一定的程序，而且必須博採眾術。

首先，他非常肯定醫藥之術的療病功效，不僅勸告道士要兼修醫術以自救救人，自己也親自投入藥方

的整理和編纂工作，完成《玉函方》和《肘後方》這兩部便於臨床使用的藥方典籍。

其次，他也認為，「思神」（思身神）、「守一」（守真一）、行氣、導引、房中這一類的「養生術」，以及在生活起居和情緒上的「節制」和「控制」，的確可以治療、預防各種疾病。

此外，對於鬼怪、瘟疫所造成的疾病，他認為在「思神、守一」之外，還要使用一些巫術性的手段，例如帶神符、用印、用劍以召劾、斬殺作祟的鬼物。

不過，葛洪認為，功效最為強大的治病方法，還是服用所謂的「金丹大藥」。同時，他也強調「守禁戒」的重要性。值得注意的是，對於祭禱、首過、齋醮這一類的療法，葛洪雖然不完全反對，但也不加以肯定。

符籙與神咒

《太平經》雖然主張要用符、咒治病，但是，書中卻不曾留下太多具體的治病符咒和相關的操作說明。然而，由於實際上的需要，六朝及後來的道士似乎不斷創製這一類的符、咒，並且收錄在一些科儀性質的道經中。

以符來說，在唐末五代杜光庭所編的《太上洞玄

靈寶素靈真符》中，便收錄了超過一百道的治病符，
其中，大半是由南朝時期的陸修靜所傳。這些符可以
治療的疾病包括：百病、殟病、傷寒、寒熱、頭痛、
腹痛、心腹痛、猝中惡、腹脹、心腹煩懣、腰痛、背
痛、胸痛、下痢、霍亂、大小便不通、淋病、陰熱、
煩熱、迷惑善忘、驚恐、悲思、瘧疾。

在這些符之中，治療瘧疾的符尤其值得注意，因
為，從符圖旁的注文可以知道，當時人已經將「瘧」
病的發作時間和主管的「瘧鬼」分成十二種：

1. 平旦，兵死鬼。

2. 日出，盜賊死鬼。

3. 食時，溺死鬼。

4. 偶中，燒死鬼。

5. 上午，市死鬼。

6. 日昳，乳產死鬼。

7. 哺時，客死鬼。

8. 日入，客死鬼。

9. 黃昏，奴婢鬼。

10. 人定，未嫁女死鬼。

11. 夜半，獄死鬼。

12.雞鳴，小兒鬼。

至於治病符的製作方法則相當多樣。一般來說，大多是用朱砂或墨筆寫在紙上，或是寫在布帛、木板、陶碗上，甚至是身體上。使用的方法，主要是吞服或佩帶在身上，或是安放在居室、車駕或相關的物品上。而且，有些符還附有咒語。例如，治瘧病符所附的咒語大多為：

> 登高山，望寒水，使虎狼，捕瘧鬼。
> 朝食三千，暮食八百。一鬼不去，移名河伯。
> 食之未足，催速求索。急急如新出老君律令。

因此，在道教文獻中，符咒經常連稱、並舉。

不過，咒也可以單獨使用，道教經典中也有不少治病的咒語。例如，天師道的《太上正一咒鬼經》便是記載以「咒」術除去鬼物的專著，其中也有收伏「五方瘟疫」之鬼、行病鬼神的咒語，可以用來治病、辟疫。

其次，唐初的道教醫者孫思邈（參見圖16），在他的《千金翼方》中也有〈禁經〉之部，收錄了許多早

期道士治病的「禁咒」。
而可以用這種方法治
療的疾病，至少有：鬼
客忤氣、溫疫時氣、瘧
病、瘡腫、喉痺、齲齒、
目痛、產難、金瘡、蠱
毒、遁注、邪病、惡獸
虎狼所傷、蛇毒、蠍蜂
所傷、狗鼠所傷等。其
中，像「禁時氣卻疫法」
的咒法，便很明顯的是
出自天師道，這一則咒
語寫道：

圖16　孫思邈像

　　吾是天師祭酒，當為天師驅使。頭戴日月北斗
　　七星。吾有乾靈之兵十萬人，從吾前後左右。
　　吾有太上老君、天地父母在吾身中。左手持節，
　　右手持幢。何鬼不役？何神不走？何邪不去？
　　何鬼敢往？急急如律令。

據說，只要每天唸十遍這一則咒語，便不會感染任何

一種瘟疫。

針灸與藥物

使用針灸和藥物治病是醫家的專長，不過，早期道士之中，也有人精通這樣的醫術。例如，東漢末年的封衡（封君達），人稱「青牛道士」，便常用針和藥替人治病，據說他還發明了一些治病的藥方，並被收入後代的醫書之中。

葛洪和陶弘景更是這方面的專家。葛洪的《肘後方》，陶弘景增補《肘後方》而成的《肘後百一方》，自己編撰的《效驗施用藥方》、《服雲母諸石藥消化三十六水法》、《服草本雜藥法》等，也都是實用的藥方書。至於陶弘景的《本草經注》和《名醫別錄》則詳載各種藥物的名稱、形狀、藥性、主治，並加以分類，都是中國「本草學」方面的名著。

此外，古靈寶經之一的《太上靈寶五符序》也記載了不少治病的藥方。藥方中常用的一些藥物，如地黃、枸杞、天門冬、茯苓、五茄、胡麻、朮、黃精、麋角、槐子、蓮藕、杏子、菊花等，一直到現代，都還經常有人服用。而上清經派的《真誥》也收錄了一篇長文闡述服食「朮」的神奇功效，並且多次提到可

以用藥物（如「五飲丸」、「大遠志丸」、「制蟲丸」）及
針灸的方法治療疾病。

　　不過，早期道教內部對於是否要用針灸或藥物治
療疾病這件事，意見並不一致。有人極力贊成，有人
則堅決反對。據說，早期天師道的「盟威法」便規定，
道士和信徒生病的時候，不可以使用「針灸、湯藥」
治療。有一些道士，像南朝馬樞《道學傳》所記載的
郭文、方謙之，便認為生死有命，因此，生病之時，
「不服湯藥」、「未嘗針灸」，郭文甚至因而病死。另外，
像諸葛綝、婁安樂的妻子傅氏等人，也都認為醫藥不
足賴。

　　排斥針灸、藥物的人，大多是因為相信命由天定，
或是認為疾病是因罪行、鬼神降罰所引起，因此，生
病的時候，或是拒絕任何方式的醫療，或是只仰賴宗
教療法。

　　不過，多數的道士、道徒在某些條件之下，其實
都願意接受醫藥之術的治療。例如，北朝的道士寇謙
之在《老君音誦誡經》之中，雖然也強調「生死有分」，
因此，主張生病時最好是祈求掌控生死的天地諸神的
救助，不過，他也說，只要加上一些宗教儀式，那麼，
尋常的草木、礦物之類的藥物也可以用來治療疾病、

禳除瘟疫，因為，透過儀式，凡間的藥物之中已經含有仙人、玉童、玉女降臨時所摻入的「天官神藥」。

養生與房中

在《漢書・藝文志》裡，「神僊」、「房中」和「醫經」、「經方」並列為「方技」之部的四門學問，可見在漢代人的觀念裡，神仙術和房中術並不是醫術的一部分。

在漢代，所謂的「神仙」術，基本上包括了「導引」、「按摩」、「服餌」和「煉丹」術（參見彩圖8）。「房中」術則是以滿足「生子」、「快樂」和「養生」這三大目標為主的性愛之道。這兩種方術，通常被認為具有保健和預防疾病的功用，但很少直接被用來治療疾病。

不過，到了六朝時期，情況又有所不同。我們發現，有一些道教徒開始將「神仙術」和「房中術」視為一體，稱之為「養生」或「養性」之術，並且強調這種「養生術」在治病上的功效。

例如，陶弘景所編的《養性延命錄》便囊括了服氣、導引（參見彩圖9）、按摩、房中之術，並且記載了生活起居和飲食方面必須遵守的禁忌。至於用來治

病的一些具體方法則包括：食後散步、食漱玉泉（咽液；吞口水）、叩齒、服氣、導引、按摩、梳頭等。另外，在他所編的《登真隱訣》裡，也強調「存思」（配合咽液、按摩）、梳理頭髮和服氣的治病功效。

其次，上清經派的主要經典《真誥》更是記載了不少治病的「養生術」，像按摩、咽液、叩齒、梳頭、沐浴、服氣、導引、存思都被認為具有療效。其中，「存思」的方法更是繁多。因為，上清經派非常重視《黃庭經》「身中神」的概念，所以格外強調以存想、守神的方法來治病。

然而，上清經派卻不認為「房中術」可以用來治病，也反對其信徒修煉。

相反的，早期有些道經和道士非常重視房中術。例如，《太平經》和《洞真太上太霄琅書》便認為，為了生兒育女、繁衍後代，使「天地之統」可以生生不息，道徒必須講究「生子之道」和以生育為目的的房中術。

其次，葛洪在《抱朴子》中也肯定房中術的治病功效，並且強調，修道之人不可不知房中術，否則很難修練成仙。

不過，最重視房中術的道派應該是天師道。據說，

天師道的創教祖師張陵便擅長以房中術替人治病。在
六朝時期，房中術更成為天師道徒的必修之術，因為，
在「入道」之初，都會舉行一種「過度」儀式。而根
據《上清黃書過度儀》和《洞真黃書》的記載來看，
這種儀式的核心便是由男女道徒集體而公開的進行交
媾活動。不過，這種交媾活動並不是以追求性愉悅為
目的的「群交」行為，不可以為所欲為，必須在道師
的指導之下，遵循所謂的「黃赤之道、混氣之法」，依
「禮」而行。據說，只要通過這種儀式，不僅可以成
為天師道徒，還可以「養性」、「保命」、消災治病，可
以成為上天所庇佑的道教「種民」，能度過一切疾病、
瘟疫和各種災厄，最後還可以成為神仙。

　　除了天師道以外，當時還有不少道士都曾經修練
或提倡房中術，也曾經撰寫過不少房中方面的典籍，
比較有名的是所謂的房中「七經」，包括:《玄女經》、
《素女經》(參見圖17)、《黃帝書》、《容成經》、《彭祖
經》、《子都經》(巫炎之書)、《陳赦經》。另外還有《張
虛經》和《天門子經》，而黃山君、玉子、北極子、絕
洞子、太陽子、劉京、蒯京、道林等人也都有作品。

　　這些房中著作的內容，只有極少數是以女性做為
修練的主體，而天師道的《黃書》則是強調男女雙修。

圖17　《素女經》「九法」之「魚接鱗」式

除此之外，都是以男性為本位，專門針對男性的修練者而寫，主要的內容大致有六大項。

第一項是指導男性認識女體，詳細的說明女性性器官的各個部位和名稱。

第二項是所謂的「擇女」，也就是指導男性選擇在性交時有利於自己的交媾對象。凡是有利健康的就是所謂的「好女」，主要的條件不外乎皮膚稚嫩、潔白、毛髮細柔、聲音甜美、胖瘦適中、脾氣溫和、年輕貌美，最好的是即將成年的年少處女。

第三項是指示男性在交媾時要慎選時間和地點，並且要避免觸犯各種禁忌。

第四項是介紹各種性交的體位和動作，以及這些

交媾方式的治病、強身功效，也就是所謂的「七損八益」。

第五項是描述交媾的過程中，男女雙方在每個階段的性反應，並且指示男性在快要達到高潮的剎那「懸崖勒馬」，控制射精的衝動，千萬不可洩精，以便「還精補腦」，並且使女性心滿意足。

第六項是強調「多御少女」的好處。也就是建議男性要多和欠缺性經驗的少女交媾，而且多多益善，最好一夜數女或數十女，而且要常常更換交媾的對象，才能達到「採陰補陽」的效果。

除此之外，有些書還會提供一些藥方，以解決性功能障礙或性交疼痛之類的問題，像「陽痿」（陰痿）、陰莖短小、女性交媾後所產生的疼痛等，都有藥物可以治療。

總之，這一類的房中書，大多強調房中術可以「補救傷損」、「攻治眾病」、「採陰補陽」、「增年益壽」，基本的原則在於「還精補腦」，也就是在交媾時，男性不可以洩精，而且要使精氣回流入腦。

對於這樣的房中術，在當時，有人深受吸引並且實際修練，有人則很不以為然，或是加以批判。例如，南北朝時期的一些佛教界人士便屢屢藉此攻擊道教，

說道教提倡房中術，尤其是天師道的「過度儀」，造成男女無別、「閨門混亂」，甚至有「亂倫」的情形，簡直和禽獸沒有什麼分別。

不僅佛教界有意見，道教內部對於要不要修習房中術也有不同的看法。例如，上清經派基本上便極力反對，《真誥》屢屢宣揚房室活動的壞處，並且指責一些修習房中術的道士。總之，上清經派的「仙真」大多認為，房中術在神仙、養生術中屬於「下術」、「下道」，會損壞人的「正氣」，稍有不慎，便會「思懷淫欲」，不僅不能因此獲益，反而會受到冥官的處罰。而且，一旦修習房中術，便無法接觸、遇見道教的仙真、靈人。更重要的是，修習上清經派的一些道法之時，嚴禁「行房」或「洩精」，否則不僅前功盡棄，還會因此喪命。

不過，另有一些道派和道士則採取「欲拒還迎」的折衷態度。例如，寇謙之雖然也認為天師道妄傳房中之術，導致「淫風大行」，「損辱道教」。可是，他還是承認，「房中」是「求生之本」，特別允許他的信徒在「清正之師」的指導、傳授之下，修行房中術，但僅限於夫妻之間共同修練。

同樣的，《老子想爾注》雖然也多方批判房中術，

認為這是一種「偽技」。不過，若是為了繁衍子嗣，這本書的作者也同意網開一面。另外，像《太真玉帝四極明科經》也同意，如果是夫婦，便可以一起修習各種房中術，只是要有節度，不可以「胡搞」或縱欲，否則便是違反戒律，死後將會受到地獄刑罰之苦。

　　無論如何，在一些道派和道士的倡導、修習、研究和傳授之下，房中術在六朝時期逐漸成為道教的方術，而且，被視為治病的主要方法之一。或許是因為這個緣故，在《隋書·經籍志》中，「房中」不再是一門獨立的學問。房中方面的著作一方面和醫藥書一起，被編在子部「醫方」類之下，另一方面則附在「道經」類中，和「經戒」、「服餌」、「符籙」並列為四大子類。

悔過與功德

　　道教認為，絕大多數的疾病都是因為個人的惡行、罪行所引發，導致鬼神降罰所致。因此，從《太平經》開始，多數道經所提出的主要治病之道，都是要病者「懺悔」自己的罪惡，舉行所謂的「首過」儀式。

首過與上章

　　「首過」儀式基本上是要病者「自首」，向上天和

天地鬼神坦告自己的名字、住所、所犯罪行、所遭遇
的痛苦，並且祈求原諒、赦免和治療。簡單一點的做
法，只要前往「道治」（類似基督教的教堂），向主持
道治的「祭酒」（高階道士）求救，由他口頭稟告上天
就可以。

　　不過，道教喜歡「文書」作業，一般都是將懺悔
的內容（又叫「悔辭」）寫在紙上，格式很像官方的「奏
章」，然後由主持儀式的道士宣讀後焚化。如果依照天
師道的舊法，則必須寫三份，一份放在山上給「天官」，
一份埋在地下給「地官」，一份沉入水中給「水官」，
這也就是所謂的「三官手書」。而這種儀式又叫做「上
章」或「章奏」之法。

　　上章儀式的詳細過程和「奏章」的範本，在一些
天師道的經典中常有記載。例如，《赤松子章曆》便是
這一方面的專門著作，書中的「疾病醫治章」、「疾病
困重收滅災邪拔命保護章」、「斷瘟毒疫章」、「謝五墓
章」、「解五墓章」、「解先亡章」、「保胎章」、「催生章」、
「保嬰童章」、「斷亡人復連章」、「疾病謝先亡章」、「大
塚訟章」、「久病大厄金紫代形章」、「收魘夢章」等，
都是和治病有關的奏章範本和儀式表單。

廚會與齋醮

在「首過」和「上章」之外，有些道派還會添加
一些輔助性的儀式。例如，寇謙之在改革北朝天師道
時，針對治病儀式，便保留了「首過」和「上章」的
程序，另外增加「燒香、禮拜」和「廚會」的儀式。
所謂「廚會」就是由病者出錢，準備廚宴，邀請三、
五個或十個以上的客人到家中聚餐，並請眾人一起為
病者請禱。

此外，靈寶經派則將這一類的治病儀式整合為一
套套的齋醮科儀。以南朝陸修靜時候的情形來說，流
行的齋法大致有九種，分別為：

    1. 金籙齋。

    2. 黃籙齋。

    3. 明真齋。

    4. 三元齋。

    5. 八節齋。

    6. 自然齋。

    7. 三皇齋。

    8. 太一齋。

9. 指教齋。

另外還有相當有名的「三元塗炭之齋」，這種齋法總計
要舉行三十六天，參加儀式的人都要以黃泥塗抹額頭，
披散頭髮，反手自縛，口中銜璧，露天覆臥在地上，
並且要「叩頭懺謝」，畫夜各三次。可以說相當冗長而
辛苦，據說功效也最大。

這些齋法雖然有高下等級之分，適用的對象也不
同，但基本上都是為了消災祈福之用，而且，在個人
病重或瘟疫流行之時，「建齋祈請」更是道士慣用的手
法。唐末五代之時，杜光庭刪定的《太上洞淵三昧神
咒齋懺謝儀》、《太上洞淵三昧神咒齋旦行道儀》、《太
上洞淵神咒齋十方懺儀》，基本上便是延續這個齋醮的
傳統。宋元之後流行的〈神霄斷瘟大法〉、〈神霄遣瘟
送船儀〉、〈神霄遣瘟治病訣法〉、《太上三五傍救五帝
斷瘟儀》、《正一瘟司辟毒神燈》、《太上洞淵辭瘟神咒
妙經》等，更是專門為了斷絕瘟疫而創的科儀，源頭
都可以追溯到六朝時期的天師道和靈寶經派的齋醮傳
統。

誦經與功德

　　由於「惡行」是致病的要因，因此，道士往往強調，若要治病，先要「懺悔」，其後則要「行善」以彌補罪過，也就是要「營建功德」。至於具體的「功德」，包括施捨、濟貧、助人、孝順等，其中，最簡單的做法就是延請道士舉行齋醮、法會，而多數齋醮或法會的核心節目就是「誦經」，有時候這甚至是整個儀式的骨幹。

　　「誦經」有多重功能，一方面表明信徒對於道教神靈的虔敬之心，以及奉行道教戒律和教義的真誠之意，希望能因而得以解罪並獲得庇佑。另一方面希望藉著道教神靈之力和經文的義理，拔度已經亡故的親人，使他們免於受地獄刑罰之苦，有時候則連其他的陌生的孤魂野鬼也在救贖之列。此外，誦經有時候就等同於唸咒，也就是藉著誦讀經文，召喚神靈以除去妖魔鬼怪，護衛身體、家宅，或是國境。道士宣稱，誦讀《太上洞淵神咒經》、《太上正一咒鬼經》這一類的經典，大致都有這樣的功能。

　　至於道士本身或是修道的道徒，生病的時候，也可以藉著「誦經」召喚神靈以除疾治病。據說，誦讀

《黃庭經》、《洞真太上說智慧消魔真經》、《大洞真經》
都具有這樣的功效。不過，誦讀的次數都要相當多，
像《太上黃庭內景玉經·上清章》便說：

> 詠之萬遍昇三天，千災以消百病痊。

同樣的，《大洞真經》也要誦讀「萬遍」才具有治病、
消災、成仙的神奇效用。

　　《洞真太上說智慧消魔真經》則認為，疾病對於
道士來說，是必有的一種試驗和鍛鍊，是仙真藉以考
察修道者求道、信道的誠心和情志，並消除其體內的
「尸濁」、「不正」和「塵穢」的工具。因此，「病」被
視為「魔」，「消魔」就是「藥」，而最好的「藥」則是
「智慧」（道經）。只要能持續不斷的誦讀這部經書的
經文三千遍，便可以證明自己的「誠心」，也可以癒病，
並且能夠「心開神朗」、「卻邪除妖」、「真精入體」。但
是，如果要「成仙」，還是要誦讀「萬遍」以上。

反叛或護持

　　道教從創教之初開始，便和「政治」有非常親密
的關係，因為，道教將瘟疫流行的主因之一歸咎於政

治措施失當，因此，要消弭或防止瘟疫，自然要從「施政」著手。不過，為了拯救蒼生，使天下太平，道士在政治動亂之時，面對執政者，往往會有兩種截然不同的抉擇。

有一些道士會選擇「反叛」或是所謂的「革命」。他們會親自組織信徒，帶領群眾，起兵挑戰既有的政權，希望能建立新的「王國」，施行「新政」，以安定天下，消除災禍。例如，東漢末年「太平道」的首領張角，魏晉南北朝時期多次以「李弘」或「劉舉」為名起兵的道團領袖，都是有名的例子。

此外，有一些道士雖然不是叛亂團體的領袖，卻也投身「革命」陣營，支持他們所認為的「真君」「起義」，爭取執政的機會。例如，西晉末年，李雄能夠在巴蜀一帶建立「成」國（西元304年），主要的關鍵便在於得到當地道團領袖范長生及其信徒的支持。其次，在隋末天下大亂之際，群雄並起，道士桓法嗣便投靠王世充，茅山宗師王遠知及道士李淳風、岐平定等人則支持李淵、李世民父子。茅山宗（上清經派）在唐代能夠在道教各派中居於主流地位，也和這一段因緣有關。

不過，也有一些道士選擇護持既有的政權，在體

制內協助或勸誘統治者進行政治改革。例如，東漢末年，當「太平道」起兵之時，在西南邊境的「五斗米道」（天師道）雖然也乘機脫離中央政府的控制，割據漢中，建立自己的宗教王國，但是，領導人張魯始終不曾稱帝或稱王。當曹操打著漢王朝的旗號，進兵討伐之時，張魯也選擇投降朝廷而不是決戰，甚至和曹操聯姻，接受封爵，加入統治集團，積極傳教，為平定天下、安定人心而努力。

其次，在鮮卑拓跋氏統治下的北魏王朝，道士寇謙之也採取護持胡族政權的策略，尊北魏太武帝為「太平真君」，開法壇，傳授道教的符籙給他，表示北魏政權為「天命」所歸，將為百姓帶來太平。這樣的舉措也使道教在異族統治下的北朝境內獲得保護。可以說是互相利用，兩蒙其利。

另外，在南朝政權統轄之下，多數道士也都投靠統治者，爭取他們的支持，並參與機要。例如，陸修靜雖然退隱修道，卻仍關心政事，和朝中政要時有往來。當宋明帝在大始七年（西元471年）重病之時，他甚至還親率門徒、道眾和文武百官，舉行「三元露齋」，替皇帝祈福、治病。宋明帝痊癒之後，陸修靜在朝中的聲望也更崇高。

同樣的，齊、梁之時的陶弘景，雖然在壯年之時便辭官修道，但是，他始終不曾忘情政治，不僅繼續和朝中政要交往，在梁武帝蕭衍開國之初，更利用「圖讖」，建議蕭衍以「梁」為國號，並親自替皇帝煉「金丹」。梁武帝也常常諮詢他對於國家大政的意見。因此，當時人還稱他為「山中宰相」。

南朝時期，道教隆盛必須歸功於陸修靜和陶弘景二人，而其中關鍵便在於他們願意極力「護持」執政者。至於他們的動機，是為了個人的利益，或是為了道教的發展，或是以天下蒼生為念，或是兼而有之，則很難訴說分明。

醫療佈教

　　從東漢末年起，一直到南北朝時期，由於瘟疫流行，多數人或因生病而痛苦，或因親友罹病而憂傷，或因自己及親友可能染病、死亡而焦慮不安。因此，任何一個宗教，如果想要在這樣的社會情境中立足，勢必要回應疾病所帶來的衝擊。不過，由於眾人飽受疾病的折磨，宗教也格外容易成為眾人尋求身心安頓、解除痛苦的所在。

　　早期道教得以崛起並快速壯大，便是掌握了這樣的機會，以其教義做基礎，一方面解釋疾病和瘟疫的起因，另一方面提出了醫療和解救之道，因而吸引了大批的群眾。事實上，從一開始，道教的佈教活動便和醫療活動密不可分，醫療成為道教傳佈信仰、吸引信徒、凝聚教團的主要手段。

　　以當時的道團或道派來說，比較知名的有太平道、天師道、帛家道、干君道、李家道、葛氏道、上清經派（茅山宗）、靈寶經派等，他們的創教者和主要的傳承人，幾乎都能替人治病，有些還以此聞名。

太平道

爆發於靈帝中平元年（西元184年）的「黃巾之亂」敲響了東漢帝國的喪鐘，而鼓動這股「革命」浪潮的就是早期道教的道團「太平道」。這個組織的領導人叫張角，他原本奉事「黃老道」，後來另組教團，以所謂的「善道」教化天下，十多年間，吸引了數十萬的信徒，組織遍布於東漢帝國的東半部和南部一帶。

根據范曄《後漢書》的記載，張角的信徒基本上是以遭受各種天災人禍以致流離失所的農民為主，但也不乏宮廷中的人士，連高階的宦官都是他的弟子。而他用來吸引群眾的主要工具就是「醫療」。根據袁宏《後漢紀》的記載，張角當時自稱「大醫」，利用符水、咒說替人治病，並要求病者要「跪拜、首過」，成為「太平道」的信徒。

東漢政府在清剿「黃巾賊」的時候，為了爭取民眾的支持，也曾經採取一場「醫療」戰爭。例如，書法史上的隸書名碑〈曹全碑〉的碑文中便說，黃巾之亂爆發的時候，曹全擔任郃陽縣令，為了斷絕「太平道」的群眾來源，於是合製「匕首藥」和「神明膏」，並和部屬一起親自送藥給病人。由於藥物有效，許多

「太平道」的信徒都因而歸順朝廷，希望能獲得曹全的醫治。

〈曹全碑〉或許有些誇大曹全的「製藥」能力，不過，很顯然的，當時曹全很敏銳的觀察到，人心向背的關鍵在於醫療能力的高下，而相對於「太平道」使用符咒、首過這一類的巫術和宗教療法，曹全只採用傳統的藥物。

無論如何，張角還是成功的以他的「另類」療法吸引了大批的信徒，並以終結劉氏王朝，建立新政府，使「天下太平」為號召，發動政治革命。可以說非常接近《太平經》所強調的「身、國並治」的精神。

天師道

在東漢末年的時候，天師道只是侷促在西南邊境的一個小道團，名氣和人數都遠不及太平道。不過，由於後來歸順朝廷，由反叛轉為護持，因此，不僅不曾被消滅，道團的勢力版圖還因而得以由西南邊陲向中央蔓延，並逐步向各地擴散，而且一直延續到現代，存活的時間已超過一千八百年，成為中國道教史上命脈最長、分布最廣、信徒最多、影響最為深遠的一個道派，有些學者甚至就以天師道的創立做為道教的源

圖18　張道陵像

頭。

　　無論如何，天師道的崛起過程和太平道相當類似，其創教者無論是張陵還是張魯，或是張脩，根據現有的記錄來看，基本上都是以療病做為吸引信徒的主要手段。

　　以張陵（又叫張道陵）來說，《神仙傳》說他原本是沛國豐人，後來到蜀地修道、煉丹，由於能夠替人「治病」，因而吸引了不少當地百姓投入他的門下（參見圖18）。

　　他的治病方法，主要採取所謂的「玄、素」之道，也就是玄女、素女這一派的房中術。其次，他也採取「首過」的治療儀式，令病患懺悔自己有生以來所犯的種種罪過，並且寫在紙上，然後將「手書」投入水中，向天地神明發誓永不再犯。另外，他似乎也懂得符咒這一類的療法。

　　至於張脩和張魯，　根據魏國時期　（西元220–265

年）魚豢《典略》的記載，他們的「道法」基本上和太平道並沒有什麼太大的差異，都是教病人「叩頭思過」，然後飲用「符水」。不過，張脩、張魯的「天師道」又加上所謂的「靜室」，讓病人在靜室裡「思過」，並且有專門的道士替病人「請禱」。請禱的方法主要是利用前面所提過的「三官手書」，而病人的家屬必須奉獻「五斗米」。因此，當時人便叫這個道團為「五斗米道」。

這樣的治病方法，從此之後，便成為天師道的主要道法。天師道「祭酒」（高階道士）的主要職責之一便是替他「治」（教區）裡的信徒療病，而道團的發展和隆盛也和這樣的醫療活動息息相關。

例如，東晉成帝（於西元326–342年在位）到孝武帝（於西元373–396年在位）之間，錢塘一帶的天師道祭酒杜炅（杜子恭），便以善於治病聞名，根據西元六世紀時候成書的《洞仙傳》的記載，他主要是以「章書、符水」替人治病，十年之間，吸引了數萬戶的百姓投入他的門下。當時許多高官、名流都曾請他治病，根據陳朝（西元557–589年）馬樞《道學傳》的記載，他曾經在東晉哀帝興寧三年（西元365年）以「奏章」的方法，外加「靈飛散」，成功的治好尚書令陸納（死

於西元395年）的「侵淫瘡」。

靈飛散是早期道士所研製的藥物，後代的醫書如《千金要方》、《千金翼方》、《太平聖惠方》、《普濟方》、《醫方類聚》等，都收錄了這個藥方，唐憲宗（於西元806–820年在位）時候的齊推甚至還編撰了《靈飛散傳信錄》一書。

在杜炅的種種傳說之中，值得我們注意的是，他曾經以醫療的手段，成功的使當地的兩名巫師（龍稚、斯神）改信道教。

此外，西晉末年（大約西元307–316年），中原大亂，外加饑荒四起，瘟疫流行，導致鄉里凋荒，民眾大量死亡。當時，金壇馬跡山的道士王纂，有感於百姓之苦，便在靜室之內，「飛章告天」，祈求神助，三天之後，終於感動太上道君下降，賜他《神咒經》，並教他相關的治病科儀。王纂於是以

圖19　王纂像

「神咒」和「齋醮」在江南一帶替人治病，據說，「疫毒」還因而消弭，同時，他也吸引了不少信徒（參見圖19）。

帛家道

「帛家道」是六朝時期流行於江南一帶的道派。

這個道派的創始人據說是漢代的仙人帛和。根據《神仙傳》的記載，帛和在世間的職業就是「賣藥翁」，常常在市集中賣藥並替人治病。據說，北海人干吉曾經因為得了癩病數十年無法痊癒而向他求救，結果獲傳《太平經》的「本文」，並依照書中所記載的道法修練而得以痊癒。由此可見，這個道派也曾經以醫療做為吸引信徒、度化弟子的手段。

干君道

干吉雖然因為帛和的治療而痊癒，並且得到《太平經》，不過，他似乎不曾長期依附在帛和的門下，反而獨自進行傳教活動，開創自己的道派，成為六朝時期江南地區「干君道」的創始人。而他傳教的主要手段也是醫療。

根據西晉（西元265–316年）虞溥《江表傳》的記

載，干吉是在東漢末年孫策割據東吳的時候南下，建立精舍，製作符水以替人治病，許多吳人都奉事他為師。孫策見他門徒日漸增多，便下令加以逮捕，結果，不僅許多將軍都聯名向孫策求情，連孫策的母親都替他出面，說干吉能「醫護將士」，不可殺他。可是，孫策對他卻更加畏惡，在東漢獻帝建安五年（西元200年）下令將他斬首。不過，干吉的門徒卻說他沒有死，而是「尸解」成仙，並繼續向他祭祀求福，使這個道派的命脈一直延續到六朝末年。

李家道

六朝時期的江南地區同時存在著許多大大小小的道派，除了帛家道和干君道之外，李家道（李氏之道）也曾經風行一時。

根據葛洪《抱朴子》的記載，這個道派的創始人是李寬，大概是在吳大帝孫權（於西元222-252年在位）的時候來到吳地，由於使用「祝水」替人治病頗有效驗，因而吸引了不少徒眾，並且把他當做早先一個據稱有八百歲的仙人李阿（李八百）。公卿和百姓都紛紛投入他的門下，圍繞在身邊的弟子常常有千人左右。

不過，根據葛洪的認知，李寬的道法其實很淺薄，

只會「祝水、三部符、導引和行氣」而已,「吞氣斷穀」也只能維持百日左右, 無法持久。後來, 吳國發生瘟疫, 李寬也得了「溫病」, 託言要「入廬齋戒」, 結果就死在他的道室之內。可是, 李寬的弟子卻深信他並不是真死, 而是成為「化形尸解之仙」。在這之後, 他的弟子還轉相教授, 道團的信徒「布滿江表」, 可見李家道勢力之大。

葛氏道

在六朝的道派之中,「葛氏道」雖然沒有龐大的組織和眾多的信徒, 但是, 在道教史上卻開創了別樹一幟的「丹鼎派」(金丹派), 足以和「符籙派」分庭抗禮。這個道派的源頭至少可以上溯到東漢末年的左慈, 不過, 真正的關鍵人物還是葛洪, 而葛洪的道法基本上是承襲他的從祖葛玄(西元

圖20　葛玄像

164–244年）。

葛玄（葛孝先）又被尊稱為葛仙公（參見圖20）。根據《神仙傳》的記載，他的煉丹術是左慈所傳授。但他在當時主要還是以擅長用符咒替人治療鬼魅、精怪作祟所致的「邪病」聞名。或許是因為這個緣故，再加上他有許多神異的能力和法術，因此，身邊常有許多弟子隨侍在側。葛洪的師父鄭隱便是其中之一。

至於葛洪，由《抱朴子》和《肘後方》來看，他應該精通各種醫術，可惜的是，相關的傳記資料中不曾有他替人治病的記錄，不過，史書既然說他「綜練醫術」，而且，他還有多名弟子（如葛望、葛世、滕升、黃野人等），因此，應該不是一名光說不練的醫學研究者。

清水道

在道教的各個派別之中，天師道由於創教較早，勢力也較大，因此，其他較為晚起的道派大多和天師道有某種程度的關聯。以東晉簡文帝（於西元337–372年在位）的時候風行於京師（建康）地區的「清水道」來說，其創教人便是張天師（張陵）的奴僕。

根據南朝宋（西元420–478年）徐氏所著的《三天

內解經》的記載，當張天師要昇天之際，因為感念這個奴僕奉侍他多年，便在一口井水中施咒，讓他可以利用井水（咒水）替人治病。由於效驗極佳，便有相當多人依附在他的門下，奉他為師。這個道派在治病的時候，完全不用章符或齋醮之類的科儀，只向一瓷清水燒香禮拜，因此，便自稱「清水之道」。

這個道派一直到東晉時期還是以「清水」（咒水）替人治病為號召。當時的道派領袖王濮陽曾經成功的以「水」治好了鄭氏女子的跛腳之疾。簡文帝也因為沒有子嗣，請王濮陽替他代為祈請，而不久之後，皇后果然懷孕。因此，簡文帝便成為清水道的信徒，並在宅第之內建立「道舍」以供養王濮陽。

上清經派

在六朝道派之中，「上清經派」算是比較晚起，創始人是兩晉之際的魏華存（西元252–334年）。她曾經擔任天師道的女「祭酒」，但是，她的道法卻是遵循《黃庭經》和《靈寶五符序》的基本理路，以清修、誦唸、導引、「存思」為主，輔以醫藥和其他的養生法。

魏華存生前也許不曾脫離天師道另立門戶，不過，當她透過兒子劉璞將自己看重的經典和道法傳給楊羲

（西元330-386年）之後，上清經派的道統便從此綿延不絕。隋唐之時，更以「茅山宗」的名號躍居道教的主流，一直到宋元時期，始終有不少門徒。

楊羲在當時是以能夠「降神」聞名於東晉的京師建康一帶。所謂「降神」，是指能請仙真從天庭或仙界降臨人間，而且能目睹、耳聞仙真的舉止、容貌和聲音，並和他們酬酢交際。這種能力或情形，以道教的術語來說，又叫「接遇」，現代西方有一些學者則認為宗教人物在交通鬼神的時候，大多會陷入所謂的「迷離」(trance)的精神狀態。

無論如何，由於楊羲擁有這樣的特殊能力，再加上他精通各種道法，因此，吸引了不少朝廷的大小官吏。他們奉事楊羲的目的，除了修習上清的道法之外，主要還是想要透過楊羲向仙真請教各種人生的疑難雜症，並且探詢神秘的死後世界和神仙世界。

根據《真誥》的記載，信徒最常提出的問題或請求是有關疾病醫療方面的事。事實上，楊羲當時所吸收的信徒大多是中老年人，他們大多有耳不聰、目不明、消渴（糖尿病）、手腳麻痺、關節酸痛這一類的老年疾病，而且常常疑神疑鬼，心神不寧。面對這樣的信徒，楊羲大多以仙真的名義和口吻下達指示，有時

要他們針灸、服用藥物，有時要他們勤練叩齒、咽液、按摩、導引、沐浴、梳頭這一類的養生術，有時則要他們用符咒、章奏、存思這一類的宗教療法。

在這種情況之下，楊羲不僅得以吸引群眾，進行他的「降真」活動，宣揚上清的教義，還將道法傳給了信徒之中的領袖人物，護軍長史許謐（西元305-376年）和上計掾許翽（西元341-370年）父子二人，使上清經派得以延續不絕。

到了南朝末年，由於陶弘景（西元456-536年）的出現，上清經派更見隆盛。陶弘景在齊、梁二朝時期，由於和皇帝、朝臣有非常親密的交往，深受朝廷敬重，因此，雖然在茅山隱居修道，但身旁的門生弟子卻不在少數。不過，陶弘景能夠在當時成為南方道教的領袖人物，並不是完全仰仗政府的庇護和獎掖。

事實上，陶弘景個人的才華恐怕才是吸引信徒的主要關鍵。根據姚思廉（西元557-637年）的《梁書》和陶弘景的姪兒陶翊的〈華陽隱居先生本起錄〉的記載，陶弘景出身於官宦人家，身長七尺四寸，是一名風姿翩翩的「佳公子」，年少時便「讀書萬餘卷」，而且善於琴、棋和書法，通曉「陰陽五行、風角星算」之類的方術，對於「山川地理、方圖產物」也有研究。

更重要的是，他還精通「醫術本草」。

陶弘景對於醫藥之術的興趣，一方面是受到葛洪和上清經派的影響，另一方面則是承繼家庭的傳統，因為他的祖父陶隆（死於西元461年）和父親陶貞寶（死於西元481年）都「深解藥術」，雖然仕宦為官，但也行醫救人。而陶弘景雖然辭官修道，專研本草之學，但是，根據《道學傳》的記載，他還常常合製一些有效驗的藥物，救治病人，成為眾人求治的對象。可見，陶弘景曾以他的醫術吸引過一些門徒。

不過，陶弘景所用的醫療方法，除了強調用藥之外，也相當注重各種養生術。他自己便經常修練辟穀、導引之法，到了八十歲，容貌仍然和壯年時一樣，他所編輯的《養性延命錄》和《登真隱訣》，也收錄了導引、按摩、服氣、咽液、叩齒、房中這一類的養生法。

靈寶經派

靈寶經派在中國道教史上是以符籙和齋醮科儀聞名，在六朝、隋唐時期，聲勢之大足以和天師道、上清經派相提並論。至於這個經派的起源和發展，應該和葛洪這個家族有很大的關係，因為，葛家在三國時期便因為葛玄的關係獲得了所謂的古《靈寶經》，而從

《抱朴子》的記載來看，葛洪似乎也繼承了葛玄所留下的一些經典。不過，要到東晉末年（西元五世紀初），在葛洪的從孫葛巢甫手中，才讓靈寶經派聲勢大振，自成一個道派。當時，葛巢甫以「靈寶」為名，大量「造搆」經典，並且傳給許多道徒，因而打響靈寶經的名聲，並吸引不少人研習經典中的道法。

但是，要到南朝時期，在陸修靜的投入之下，才確立靈寶經派的歷史地位。陸修靜不僅整理了這個道派的教義、傳授方式和儀式內容，還創設一些新的齋醮科儀，並且利用他在政治上的影響力，大大的提振這個道派的聲勢，吸引了不少信徒。

總之，靈寶經派主要是以齋醮活動為主，以替人消災祈福為號召。以符籙、齋法替人治病，也成為靈寶派道士的看家本領。

「道醫」形象

除了一些重要道派的創始人或領導人之外，還有一些不屬於特定道團的道士，或是不曾開宗立派的修道人，據說也都精通醫療之道。至少，我們可以看到，仙傳或道傳的資料，往往有意或無意的強調道士和仙人的醫療能力，似乎想塑造道士的「醫者」形象。僅以《神仙傳》、《洞仙傳》、《道學傳》等資料來看，這一類的「道醫」便不在少數。

甘始：養生專家

東漢獻帝（於西元189–220年在位）的時候，許多有名的術士和道士都被曹操網羅到京城。其中，便有被後來的道徒奉為仙人的甘始。

甘始除了擅長「行氣」和「辟穀」的道術之外，據說，還經常服用「天門冬」，又修習房中術，因此，在世上居留了百餘年之後，才到王屋山成仙而去。

《神仙傳》在敘述他的事蹟時特別提到，他曾經將容成公、玄女、素女等人傳下的房中術撰述成書，

並且親自修練而有成效。此外，他也替人治病，不過，他的治病方法完全不用針灸、湯藥，只用房中術。

封衡：青牛道士

和甘始一起被曹操網羅的道士之中還有封衡（封君達），他在醫療方面的表現，比甘始還有名，被後代的道書、醫書稱為「青牛道士」，有一些藥方、藥物據說都是由他所創製或傳授而來。

封衡從小就學道，道法基本上是以用藥為主。早年在家修行時曾經長期服用黃連，後來乾脆入山，以便採藥，並且改為服用朮，百餘年之後才返回故鄉，當時容貌看起來就像個二十多歲的年輕人。

封衡返回鄉里以後，除了修道之外，還常常替人治病，不管識與不識。他經常騎著青牛，帶著兩個侍者，一個背著書笈，另一個帶著藥笥。書笈中有《容成養氣術》十二卷、〈墨子形法〉一篇、《靈寶衛生經》一卷。藥笥中有煉成的水銀霜、黃連屑等藥物。這些都和養生、治病之術有關。他自己的腰間還帶有竹管，藏著藥物或針灸的工具，碰到病人，便立刻加以救助。據說很有效驗，名聲頗大，曹操也曾經向他請教過養生、保健的要略。

董奉：杏林神醫

　　大約和封衡同時，還有一位道士董奉（董君異）以善於治病聞名，不過，他主要的活動地區是在南方的侯官、交州、豫章、廬山一帶。

　　據說，交阯太守士燮（西元137-226年）曾經中毒，死亡三日之後，董奉還能用三粒藥丸將他救活，因而聲名大噪，許多人都紛紛向他求救，他也以行醫為業。不過，他替人治病並不收錢，只要求病好的人在他山居之處種杏樹，重病者種五株，輕病者種一株。數年之後，總共種了十萬多株，成為一片杏林。

　　至於他的治病方法，除了用藥之外，還能使用「召劾」、「符咒」這一類的巫術。後來還用這種法術斬殺精魅，治好縣令女兒的邪病，並得以娶她為妻。不過，董奉顯然是一個獨來獨往的修道人，始

圖21　董奉像

終沒有門徒。據說，昇仙之時，也不帶他的妻女，只留下一片杏林供她們生活，還有一隻老虎擔任她們的守衛（參見圖21）。

戴昞： 印章除魅

六朝時期的江南，不僅是一些重要道派的孕育、龍興之地，也是許多不屬於任何道團的道士活躍的場所。戴昞就是其中之一。

據說，吳國時期（西元222-280年），在石頭城附近有個黿潭，潭中有一隻大黿，已經成精，能化為鬼魅行病於人，附近的民眾大多因而罹病不癒。戴昞知道之後，便用「黃神越章之印」做了數百封的「越章封泥」，投入潭中，格殺了潭中的大黿小黿，病人也因而全都痊癒。

石春： 斷食行氣

除了戴昞之外，吳國當時還有一位道士石春，似乎也擅長醫療之術。據說，他都是以「行氣」的方法替人治病。

「行氣」療法，基本上是由修練者運行體內之氣以攻治自己身上的疾病，不過，石春的做法似乎是將

自己的氣導入病者身上以治療疾病。而且，他每一次「行氣」的時候都不吃飯，必須等到病人好了之後才進食，有時會斷食一個月，甚至長達百日之久。

李脫：鬼道療病

東漢末年的「太平道」和「五斗米道」，主要是利用瘟疫流行的社會危機，以替人治病為號召，吸引信徒，並且藉機組織群眾，起兵叛亂。

類似的情形也發生在東晉初年。根據房玄齡（西元578–648年）《晉書》的記載，東晉元帝、明帝的時候，有一位道士李脫，自稱有八百歲，號「李八百」，以「鬼道療病」為手段，在各地吸收了非常多的門徒。他的弟子李弘也在瀆山一帶活動，並且利用符讖宣稱李脫是真命天子，圖謀造反。不過，在起事之前便被發現，李脫、李弘以及同一陣營之內的一些首腦人物，都同時在明帝太寧二年（西元324年）被殺。

李脫能夠藉著醫療吸引那麼多的群眾，或許是因為在元帝永昌元年（西元322年）曾經爆發過一次大規模的瘟疫流行，當時，大約有百分之二十到三十的人口死於這場瘟疫。在瘟疫流行之際，群眾爭先投入號稱擁有神奇道術和醫療能力的道士門下，並不是一件

圖22　許遜像

圖23　吳猛像

太奇怪的事。

吳猛： 符水斷疫

　　許多道教的門派都會以較早時期的「得道」仙人或知名的道士做為創教者或是道法的傳承人。以宋元時期才逐漸壯大的「淨明忠孝道」來說，便是以東晉時期的道士許遜做為他們奉祀的主神（參見圖22），而另一位道士吳猛（死於西元340年）則被列為「十二真君」的首位（參見圖23）。

　　不過，以東晉時期的情形來看，吳猛其實比許遜

的名氣更大，而且是以擅長治病聞名。據說，他是在四十歲那年才開始學道，由他的同鄉丁義授予「神方」。從此之後，他便能以符水或咒水替人治病。有一次，東晉王朝境內流行瘟疫，眾人競先前去向他求「水」治病，令他不勝其擾。於是，吳猛便在一段江水之中施放符咒，讓病者自行取用。據說，凡是得到咒水的人都被治癒。

由於吳猛善於治病，當時的一些名人多曾經向他求救，連道門中人也不例外。例如，道士舒道雲得了瘧病三年，始終治不好，吳猛便傳授他〈三皇詩〉，教他諷誦的方法。結果，舒道雲「上口」之後，瘧病頓然痊癒。

另外，江州刺史庾亮（死於西元340年）病重臨死之前也曾經向他求救，不過，他或許是預知庾亮的病不可救，或是不願意救，因此，不肯診療庾亮的疾病，託言自己壽命已盡，不久於人世，請人替他準備棺服，果然十日左右便過世。但是，在大殮之前，屍體卻消失無蹤。也因為這個緣故，大家都認為這是庾亮的不祥之兆。不久之後，庾亮果然隨之病死。

諸葛綝：咒水滌疾

在東晉孝武帝太元年間（西元376–396年），道士諸葛綝也擅長用水治病。據說，不管是治療別人或是自己的疾病，他都不用藥物，只使用咒水。有一次，他自己的眼瞼忽然長了一粒瘤贅，他也是到道觀中用「水」洗濯一下，而且，幾天之後就見效。

寇謙之：符章廚會

在道教史上，北魏時期的寇謙之（西元365–448年）是以「清整道教」、「除去三張偽法」聞名。不過，他的一些基本主張和道法，其實和他所要「清整」的「天師道」並沒有本質上的差異。近代學者也多認為他只是一個改革者，並沒有脫離天師道的傳統，因此，有人將他改造之後的中國北方的天師道團稱為「北天師道」或「新天師道」，以便和「舊天師道」以及陸修靜改造之後的南方天師道（南天師道）有所區隔。

總之，我們仍然可以將寇謙之所建立的道團或道派歸為天師道的一支。事實上，寇謙之「入道」之初，便是由「修張魯之術」開始，然後才學成公興的道法。據說，後來又蒙太上老君以及老君的玄孫「牧土上師」

李譜親自傳授符籙、經典和道法，並奉命改革天師道。不過，在吸引信徒的做法上，他還是遵循張陵、張魯的老路。《洞仙傳》便說，寇謙之因為用「符章救治百姓」有「神驗」，因此，他的道法在中國北方一直到六朝末年都有人奉行。

所謂「符章」，一指符水、符籙、符咒，另一則指章奏、章醮。不過，以《老君音誦誡經》的內容來看，寇謙之顯然比較偏重章醮的醫療儀式，而且，他在天師道的「首過」、「上章」程序之外，還加上「燒香」、「廚會」（也就是備宴請客）和眾人助禱的儀式，讓治療個人疾病的責任由道團群體共同承擔，這種做法似乎可以更進一步強化組織內部休戚與共、禍福同享的情愫。

劉憻：長臂採藥

在宋文帝（於西元424–453年在位）的時候，武當山上有一位道士叫劉憻。這個人的來歷和背景都不清楚，也沒有人知道他究竟修練什麼樣的道法。但是，他有許多神異的能力，健步如飛，五百里的距離，可以「朝發夕至」，無論怎麼勞動也不會疲倦。更重要的是，他是一個藥物專家，通識各種藥物、藥性，常常

親自採藥以救治百姓。

　　不幸的是，他天生「異相」，身體高大，多鬚鬚，而且雙手下垂之後竟然可以過膝。由於「臂長」是帝王之相，雍州刺史劉道產便將他逮捕送往京師，宋文帝於是將他囚禁在監獄中，但為了利用他的才能，每天清晨都會用囚車載他到山上採藥，傍晚才將他帶回入監。可見他在醫藥上應該有過人的才能。

顧歡：誦經用印

　　顧歡（西元430–493年）在六朝「佛道論衡」史上是相當有名的人物，同時，他也以精通「術數」聞名，其中，便包括治病的法術。

　　據說，他的弟子鮑靈綬門前有一株大樹，樹上有精魅，常常現形害人。顧歡只用「印」印樹，樹便枯死，精魅也就消失了。此外，山陰的白石村村民多數都得了「邪病」，村民向顧歡求救。顧歡於是前往白石村，講《老子》，並且在地上規劃一座監獄，不久之後，大家便看見有許多狐狸、黿鼉自行進入監獄，顧歡於是命人將牠們殺死，病人因而都恢復健康。

　　這種用印、用「講經」（誦經）的方法斬除精魅、治療「邪病」的方法，基本上是巫者的傳統和特技，

常被一些儒者批評為「怪力亂神」、「妖邪」之術。顧歡雖然是有名的高道，但在替人治病的時候，似乎並不忌諱使用這樣的巫術。

鄧郁之：用印治病

齊武帝永明年間（西元483-493年），大約是和顧歡同時的道士之中，有一位鄧郁之，也能用「印」替人治病。據說，有一次，在他的夢中，有一隻烏吐出一顆印給他，從此以後，他便能用那一顆印替百姓治病，根本不用上章或符咒，還相當有效。

嚴智明：誦經安眠

道士替人治病，各有絕活，或用針灸湯藥，或用符咒、印章，或用首過、上章，或用養生之術，嚴智明則是利用他的「聲音」。

據說，他的聲音從小就非常悅耳，而且，擅長朗誦、歌詠。齊明帝（於西元494-498年在位）每次生病都會請人到內殿「行道」誦經，而只要聽到嚴智明誦經的聲音，都會覺得心情開朗、愉悅無比，令他覺得百病全消。可是，一旦散會之後，明帝在夜半之時又常常會失眠，無法安寢，必須連夜請嚴智明入宮，再

度誦讀經文，才會覺得舒坦。可見他的聲音還具有安眠的功用。

孟景翼：上章首過

在南北朝時期，道教逐漸在政治體制之內取得合法的地位，皇帝和一些高階的官吏也成為道教主要的信徒和支持力量，然而，官方也開始企圖掌控道教這個日益壯大的組織。南朝政府設置「道正」其實便兼具扶持和控制的目的。當時能擔任這個職位的，都是著名的道士。例如，梁武帝（西元479–549年）時候的「大道正」孟景翼，便是齊、梁時期屢次和佛教高僧辯論「二教邪正」的高道。

不過，即使身為「大道正」，又是談辯義理的高手，孟景翼似乎還必須兼具醫療的技能。據說，竟陵王蕭子良是一名虔誠的佛教徒，有一次，看到一部《靈寶經》，便將它丟擲在地上。幾日之後，手部便長了疽瘡，疼痛不堪。於是，便請孟景翼替他寫「悔辭」（也就是悔過書），並舉行「首過」、「上章」的治病儀式。竟陵王的疽瘡雖然因而有點好轉，但他似乎不是真心悔過，在當時的佛道論爭中，始終支持佛教。因此，《道學傳》的作者說他終於還是因為手部的疽瘡而病死。

許明業：營建功德

梁武帝太清年間（西元547–549年），還有一位叫做許明業的道士，他和孟景翼剛好是兩種截然不同的典型。孟景翼高高在上，受到朝廷的供養和禮敬，許明業則在山林、城市間游走，在百姓之間討生活。

根據《道學傳》的記載，許明業在少年之時就出家修道，長年素食，在山野之間奔走，救濟貧病之人，並且親自帶領門人，耕田播種，不僅不必接受別人供養，還有剩餘的糧食、衣服可以施捨窮困者。

同時，他也常常進城替人做法事，營建「功德」，替人消災去厄，療治疾病，並且收取主人所奉獻的財物。不過，他並不將替人作「功德」所獲得的酬勞納入私囊，而是當場散發給貧困之人。因此，贏得遠近之人的崇仰。後來雖然曾經接受南平王的供養，但不久之後便因戰亂，自行到武昌的青溪山建立道館。

李令稱：建齋懺謝

在南朝末年，道士以作「功德」替人治病的情形似乎愈來愈普遍。根據《道學傳》的記載，除了許明業之外，至少還有一位女道士李令稱也精通此道。

據說，李令稱也是從小就出家，到廬山的千福里建造精舍，題名為華林館。

有一次，梁元帝（於西元552–555年在位）的世子蕭方等得了重病，蕭方等的母親徐妃便派人到華林館，請李令稱「作功德」。當晚，徐妃便夢到二名青衣童子，自稱是華林侍童，說是奉命要徐妃轉告蕭方等，不該拿走道觀的壇石，如果想要痊癒，必須將壇石送回原處。醒覺之後，徐妃立刻詢問她兒子究竟是怎麼一回事。蕭方等才承認，的確曾經為了建造自己宅院裡的山池而取用了華林館的壇石。徐妃於是命他將石頭送回，並派近臣到華林館，再一次請李令稱「建齋懺謝」。蕭方等也隨之痊癒。

至於所謂的「作功德」，根據當時的一些資料判斷，具體的內容應該是以「誦經」（又叫「轉經」）為主，有時還會加上祭祀、懺謝、布施這一類的活動。

因病入道

　　當我們翻閱一些聞名的宗教人物的傳記時，我們會發現，他們由「俗人」變成「宗教人」的歷程大多充滿了神奇的色彩。不過，從世俗社會的眼光來看，「宗教人」除了是一種特殊而「神聖」的「身分」之外，還和工人、商人、農人一樣，也是一種「職業」，因此，我們不免會好奇：他們為什麼要從事「宗教」這個行業？

　　這個問題也許塵俗之味太重，因此，大多數的宗教人物傳記，無論是親自撰寫還是由門生、弟子或信徒執筆，都很少直接回應這樣的問題，也很少將他們改變身分和職業的動機交代清楚。因此，我們只能從他們傳記中不小心透露的一些訊息，以及世俗之人對他們的訪談和觀察所留下的記錄，做一些大膽的推測。

由「凡」入「聖」的考量

　　事實上，拋開宗教的派別、時空的變化、個人的差異不論，一個人會以「宗教」為業，大致不出下面

五種考量。

　　首先，是為了回應神靈的召喚。倘若我們相信，真有一個鬼神世界，而且，在我們之中，有些人具有特殊的稟賦、才能和機緣，可以和那個世界接觸，和神靈交通。那麼，我們必須承認，有些人的確是在神靈的召喚、挑選之下，成為宗教人物。許多中國的巫者，中亞、北亞和東北亞的薩滿(shaman)，臺灣的童乩，據說都是由神靈親自指定、訓練的「靈媒」(spirit medium)。

　　第二，是為了脫離貧困，增加個人的財富。例如，佛教在中國的南北朝和唐、宋時期，曾經因擁有大批的土地和財富，吸引了不少貧窮人家的子女進入寺院，出家為僧尼，以解決生計。基督教在中古時期的歐洲，也有過類似的情形。此外，在秦漢時期的中國社會中，巫者仍然是主要的宗教專家，似乎有相當不錯的收入，因此，曾經吸引不少以耕織為業的男女，放棄本業，學習巫術，希望能因而致富。

　　第三，是為了提昇自己的地位。在一些崇信鬼神的社會裡，祭司或靈媒往往擁有相當大的社會和政治影響力，受人敬畏。因此，一些社會底層或受壓迫的人，力爭上游，爭取權益，提昇地位的主要管道就是

成為宗教人物。這種情形，在非洲的部落社會中相當普遍。有人甚至把非洲巫師的「降神」(possession)稱之為「弱者的武器」。

第四，是為了繼承家庭的傳統或服務社群。在中亞、北亞的一些氏族社會中，由於「祭政合一」，氏族長往往兼具宗教領袖和政治領袖的身分，所有薩滿通常也都是統治集團的一分子。而這種身分主要是經由世襲而來，由血統決定。因此，氏族中必定有人會被指定為氏族薩滿，以擔負整個社群的宗教和政治事務。據說，中國的殷商時期也是如此。至少，根據《周禮》、《左傳》等書的記載，我們知道，在周代或春秋時期，有一些巫官確實是由某一些家族世襲。此外，在印度，由於實施所謂的「種姓制度」，每個人的身分都是出生時就決定了，因此，宗教領域的專家婆羅門也都是世代相襲。

不過，並不是所有因世襲產生的宗教人物都能在各個社會中擁有尊貴的地位。例如，韓國的巫師，一般稱為「巫堂」(mu-dang)，也有因世襲而產生的情形，但是，巫師在當地被視為「賤業」，「巫堂」具有「賤民」的身分，他們的子女大多是被迫繼承家業而成為巫師。

　　第五，是為了擺脫病痛。這也是一般的宗教研究者比較少注意到的因素。不過，研究「巫俗」或是「薩滿信仰」(shamanism)的學者大多會注意到「巫病」(shamanic illness)現象。

　　所謂「巫病」，是指巫者在「成巫」之前或在「成巫」過程中所經歷的病痛。最常見的疾病是所謂的鬼神「附身」(possession)或是醫家所說的精神疾病(mental disease)。這種「疾病」往往以幻聽、幻覺(hallucination)為主要表徵。另外，這種「病」也常常和病者在生活上所遭遇的挫折與痛苦有所關聯，其中，最常見的是喪親之痛、感情受創和事業挫敗。

　　在這種情形之下，有一些病人會因祈禱或其他機緣，開始和神靈有所接觸，並且接受神的「召喚」(calling)、指導和治療。而在接受「神召」、「神療」之後，病人不但得以痊癒，還因而擁有替人治病的能力。其後，或是經由神靈進一步的傳授，或是由其他巫者加以指導，病人終能獲得相關的知識和技術，並成為一個巫者。

　　這種為了擺脫病痛而「成巫」的現象，在世界各地的人類社會中都相當普遍。不過，因為疾病而使「凡俗」之人變成「宗教」之人的情形，應該不是巫俗特

有的傳統。以中國早期的道教來說，我們便可以看到不少道士也是因病而「入道」、「修道」。

病中遇「道」

道教是在瘟疫流行的年代裡崛起，醫療也成為早期道士吸引信徒、傳佈信仰的主要工具，不少擅長治病的道士也因而開宗立派或成為道團的領袖。

因此，我們相信，當時應該有不少病人在道士的治療之下痊癒，因而成為道教的信徒，有一些甚至因而「入道」，成為道士的弟子，開始「修道」，成為道團的一分子和道法的傳承者。

早期的一些神仙、道士傳記，如《列仙傳》、《神仙傳》、《洞仙傳》、《道學傳》等，都有這一類的故事。雖然有一些故事的情節有點離奇，時代背景也不清楚，不過，「因病信道」的情節似乎不完全是出自想像或虛構，至少應該是根據社會實況所做的鋪陳。

山　圖

以東漢時期西南一帶著名的仙人山圖來說，根據《列仙傳》的記載，他原來是隴西人，年輕的時候很喜歡騎馬奔馳。有一次騎馬上山，不小心被馬踢斷了

腿，痛苦、無援的情況下，巧遇一名「山中道士」，教他服用由地黃、當歸、羌活、獨活、苦參這五味藥合製的藥散。服藥一年之後，山圖開始不喜歡吃東西，而腿傷也好了，身體變得非常輕快，心情爽朗。山圖因而再度入山，追隨那一名山中道士修道，六十多年之後，才因母喪返家，服喪期滿之後，便不知去向。

昌 季

在《列仙傳》裡，還有一位昌季也有類似山圖的遭遇。

據說，昌季有一次入山擔柴，因為山崖崩落而掉到山下，摔成重傷。他的妻子趕到之時，昌季只剩一口氣在。正當昌季的妻子哀慟哭泣之時，仙人尹伊正巧路過，便賜給她治傷的藥物和配藥的藥方，要她用藥替昌季療傷，並且按照藥方合藥，讓他長期服用。回家服藥之後，昌季果然病癒。而且，連續服藥千日之後，忽然昇仙而去。他的妻子於是遵照尹伊的藥方再次合藥，自己服用，三年之後，也同樣飛昇而去。

馬鳴生

因意外受傷而巧遇仙人救治的例子，還有《神仙

傳》中的馬鳴生。

據說，他原本叫做和君賢，年輕時擔任縣吏，因為追捕盜賊而受傷昏迷，碰巧被一位「神人」用藥救活。病癒之後，為了報答救命之恩，同時，也是為了學習治療金瘡的藥方，君賢便辭去官職，追隨那一位神人。後來知道神人還有「長生之道」，便決定長久隨侍左右，替他背負行囊，周遊天下，並修練神人所傳的道法。多年之後，終於獲得神人傳授《太陽神丹經》三卷，才獨自入山，合藥服用，成為仙人。

唐　覽

在傳統醫書和道書所記載的各種意外傷害和突發性疾病之中，有一種情形被稱之為「鬼擊」，主要症狀是全身癱瘓。從現代醫學的角度來看，這可能是「中風」、失足跌倒、腦神經病變、脊椎受創等因素所造成的，但因為沒有任何外傷，也不是任何明顯的外力所造成，因此，古人認為是遭受無形的鬼怪「擊打」所致。《真誥》便記載了一則有關仙人唐覽遭受「鬼擊」的故事。

據說，唐覽原本是一位住在林慮山中的普通百姓，有一次被「鬼擊」而全身無法動彈，軟弱無力，像一

只錦囊一樣。幸好碰到一位道士，教他按摩的方法，才恢復健康。而他似乎也因而開始修道，後來還得到「虹丹法」，煉成虹丹，服用後成仙。

西河少女

人生在世，難免會有各種意外傷害，可是，衰老所帶來的病痛，似乎更難避免。《神仙傳》所記載的「西河少女」的故事，便是這種情況的寫照。

據說，漢武帝的時候，朝廷的一名使者經過西河時，在城東看到一名年輕的女子正在鞭笞一名頭白如雪的老翁。使者覺得相當奇怪，便停下查問緣由。一問之下，才知道那名「少女」其實是老翁的母親，也是神仙伯山甫的外甥。在她七十歲時，曾經又老又病，伯山甫剛好回家省親，便賜給她「神藥」，服用之後，慢慢又恢復健壯和青春。可是，她的兒子卻不肯服藥，以致和常人一樣，逐漸衰老，走路遲緩，令她生氣，才會當眾打他。當時，那名「少女」已一百三十歲，而她的兒子也有七十一歲。後來，那名女子也追隨伯山甫入華山修道而去。

董仲躬

在漢武帝的時候,還有一位董仲躬,也曾經苦於年老多病,因為獲得仙藥而恢復青春活力。

根據《神仙傳》的記載,董仲躬是在朝廷擔任朝議郎的時候,認識漢武帝所招募的方士李少君(參見圖24),二人相當要好。董仲躬向來多病,當時又年老體衰,李少君便給他兩劑藥,告訴他說,服一劑,身體便會感覺輕快。服三劑,脫落的牙齒可以再長出來。服完五劑,便可以長壽不死。而且,還告訴他合藥的方法。

不過,董仲躬向來不相信方術,認為「人生有命,衰老有常」,任何道術都無法改變人的生老病死,因此,得到藥劑之後,並不服用,也不肯記下藥方。 李少君離開之後,又過了幾個月,董仲躬由於病得實在太重,想

圖24 李少君像

起李少君留給他的藥，便抱著姑且一試的心理，試吃了半劑，結果，身體不僅恢復健康，還變得更強壯，於是便把兩劑藥全吃了，氣力也變得和少年時一樣。

由於藥劑發揮了神效，董仲躬轉而相信世間的確有「長生不死之道」，於是辭去官職，到處訪求道士，詢問藥方，可惜都毫無所獲，最後以八十多歲的高齡去世，死前頭髮仍未變白，容貌也和壯年時一樣。他在臨死前，還特別叮嚀他的兒子，要相信人間有「不死之道」，要訪求方術之士，尋找仙藥，以「度世」成仙。

巫　炎

對付老病的方法，除了服藥之外，也有人修練房中術。

根據《神仙傳》的記載，漢武帝時候的房中大師巫炎（巫子都），在六十五歲那年，曾經老病纏身，常常腰痛、腳冷、口乾、舌苦、流鼻涕、四肢百節疼痛，腳痺不能久立。在這樣的處境下，不知是誰教了他一套「陰道之術」，也就是房中術。

巫炎修習之後，不僅病症全消，而且，在七十三年之間，又生了二十六個子女，身體強健，氣力和壯

年時一樣，從不生病。後來，他到了二百歲時，才服餌水銀，白日昇天，成仙而去。不過，他還是將自己修習的房中術傳授給漢武帝，並且留下一部《子都經》，成為六朝時期道徒之間流傳頗廣的房中經典。

趙　瞿

除了意外傷害和老病之外，有一些「惡疾」更會讓人痛不欲生。癩病或是現代醫學所說的痲瘋病便是其中之一。

根據《抱朴子》和《神仙傳》的記載，仙人趙瞿在修道之前，　也曾得過癩病，垂死之際，他的家人怕他死在家中會傳染給後代子孫，因此，便替他準備了一年的糧食，把他棄置在山裡。又怕他被虎狼傷害，於是又用木柴把他所住的石室洞口封住。　趙瞿感到悲傷、憤恨，卻也只能日夜哭泣。

經過百日之後，有一天

圖25　趙瞿像

晚上，石室前面突然出現三個人，問趙瞿是何人。趙瞿知道他們一定是神靈，便坦白相告，並向他們叩頭求救。其中一位神人便賜他松子、松柏脂各五升，要他長期服用（參見圖25）。

結果，趙瞿只服用一半，病便好了，身體也變得非常強健，便自行返家，並繼續服藥二年。容貌因而返老還童，肌膚光澤，行走快速，有如飛鳥。七十多歲時吃雉雞、兔子，連骨頭都能嚼食，背負重擔也不會疲累，在人間住了三百多年，容貌一直像個童子。後來入山成仙，不知去向。

癩病病人在當時常會被家人棄置荒野，或被社區逐離原居地，主要是因為病人的外形會變得非常醜陋，身體有惡臭，而且被認為會傳染給其他人。因此，這則故事一再強調趙瞿服藥之後在容貌、肌膚上的變化，以及他返回人群之後，能夠長時間居留在家鄉、親人之間。

病而求道

山圖、昌季、馬鳴生、唐覽、西河少女、董仲躬、巫炎、趙瞿這些人在重傷、生病之時，並不是四處求救才獲得醫治，而是巧遇仙人或道士，或是和神仙有

特殊的關係，而得以獲得治療。但是，並不是所有人都能有這樣的幸運，或是會坐等仙人、道士的救助。事實上，多數人都會積極求醫，而在醫者無法救助或無醫可求的情況下，則會轉而求道、求神、求仙。在早期道士的傳記資料中，這樣的例子也不少。

干　吉

　　例如，前面曾經提過，干君道的創始人干吉在修道之前，也是個癩病患者。病了數十年，服盡百藥都無效，才轉而向賣藥翁帛和求救，獲傳《太平經》的「本文」，根據書中所載的道法修練之後，才得以痊癒，後來還因而得道。

桂　君

　　根據《神仙傳》的記載，干吉有一位弟子叫做桂君，同樣也是因為得了癩病才入道。

　　桂君原本是徐州刺史，後來罹患癩病，十年之間，遍求名醫，還是無法醫治，聽人說干吉有道術，才前往求治。干吉於是要他辭去官職，留在他身邊養馬，從事僕役的工作。經過三年的考驗，干吉才賜他丹藥和一百五十卷的《太平經》。桂君服藥之後，癩病便告

痊癒，活到一百九十歲時，容貌和肌膚還像童子一樣。

朱 璜

病者向道士求救，常常是以侍奉道士做為酬謝的方式。有人隨侍左右，有人背負行囊，有人養馬。而《列仙傳》中的朱璜則是允諾要當三十年的奴僕。

據說，朱璜在年輕時得了「毒瘕」病，聽說隱居在睢山上的道士阮邱有神異的能力，便趁他下山「賣藥」的時候，向他求救。

阮邱告訴朱璜，腹中的毒瘕是因為「三尸」所引起，只有道教的道法才能解救。朱璜於是承諾，如果阮邱能治好他的病，他便願意服侍阮邱三十年。阮邱便給了他「七物藥」，要他「日服九丸」。連服百日之後，朱璜終於將肚中數斗黃褐色的穢物排出體外，身體逐漸變得肥健，心意也日漸開朗。阮邱於是又交給他《老君》和《黃庭經》，要他每天讀三遍，細思其中的道理。因此，朱璜也就成為阮邱的弟子，隨他入浮陽山的玉女祠修道，將近八十年才返回故鄉。

張 陵

病者求人不成，有時候便會轉而求仙、求神。

根據李膺（活躍於西元四世紀末至五世紀初）《蜀記》的記載，傳說中的天師道創始人張陵，曾經因為得了瘧病，便到丘社中「避病」。結果，卻在社中獲得「咒鬼」的術書，從此之後，通曉役使鬼神的方法，可以用符咒替人治病。這段記載不見於其他早期的仙傳、道傳，不過，從當時的歷史情境來看，倒不一定全是假話。

所謂「避病」其實是漢代人的一種治病的習俗，也就是讓病人離開自己原本居住的地方，以躲避病鬼的傷害。當時人相信瘧病是由瘧鬼所引起，因此，張陵採用避病的方法，躲到丘社中，一方面可以逃避瘧鬼，另一方面還可以獲得社神的保佑，可以說相當合情合理。更幸運的是，在社中，張陵還獲得神靈所賜的咒鬼之術，從而展開其修道、行道和傳道的生涯。

董　幼

在傳統中國社會，不同類型的宗教建築或「聖地」，往往會成為病者尋求庇護的場所。張陵避於丘社之中，《洞仙傳》中的董幼則避入道觀。

據說，董幼共有兄弟三人，他是么兒，父親早死，他又從小多病，無法營生。他的母親擔心他長大後無

法獨立生活。在十八歲那年，董幼於是主動向他母親表示，自己不願意成為兩位兄長的負擔，也不願意無依無靠而死，因此，想到道觀做僕役、拜師，至少可以衣食無缺，度過一生。

取得母親的同意之後，董幼便到道門修行。由於恭謹勤修，長齋篤學，終於通曉道術，原有的病痛也消失了。而且，在四十一歲那年，有一名仙真還親自降臨道觀，傳他「水行不溺之道」。在晉安帝義熙年間（西元405–418年），董幼終於「得道」，昇天而去。

劉凝之

從小就體弱多病，因而求道的，還有《道學傳》所記載的劉凝之。

據說，他小時候就有「尫病」，而且有「風眩」的毛病。所謂「尫病」，或指跛腳，或指身材瘦弱短小，或指臉部朝天、胸部前突（雞胸）的畸形人。

總之，在成長的過程中，劉凝之始終苦於身體上的殘疾和毛病，因此，便居住在衡山的南邊，採藥服食，並且加入天師道團修道，和妻子一起，四處救濟他人的危難和災禍。由於奉道虔敬，修道精勤，終於在宋文帝元嘉十四年（西元437年），「精思」之時有了

奇妙的感應，從額頭上搔出九粒寶珠。他的「風眩」
之疾大概也因而消失。

傅　氏

　　《道學傳》中還有一則傅氏的故事。據說，她是
婁安樂的妻子，罹患風癘十多年，無法行走，用盡各
種辦法都治不好，最後只好信奉道教，專心修道，希
望能獲得救治。

　　後來，在宋文帝元嘉七年（西元430年）六月，有
一天，突然來了一陣暴風雨，婁安樂兄長的房子因而
崩倒，躺臥在床的傅氏擔心自己的房子也會倒塌，害
怕自己會被壓死，便起身走到中庭，忘記自己有腳疾。
從此之後，她便恢復了行走的能力。

　　《道學傳》的作者在故事的最後還強調，傅氏得
以痊癒全靠信仰的力量，醫藥根本無能為力。

范伯慈

　　道教在六朝時期還算是一個「新興宗教」，因此，
需要爭取舊有宗教的信徒的「改信」，而當時道教最常
用的利器就是「醫療」。《真誥》中所提到的仙人范伯
慈入道、修道的歷程，便是最好的例證。

　　據說，范伯慈和家人原本是「巫俗」的信徒，後來，忽然得了「狂邪」病，長期臥病在床。也曾經聘請巫師舉行禳解的儀式，可是，不僅無效，還幾乎耗盡家產。在山窮水盡之時，范伯慈聽人說起道教的治病方法不必花費錢財，便想一試。又聽說道士沈敬相當高明，替人治病很有效驗，便放棄舊有的信仰，奉事沈敬為師。五十天之後，果然痼疾全消。

　　病好之後，范伯慈對於道法有更強烈的興趣，便又拜陸玩之為師，修習「真內道」。後來，陸玩之不願入山，范伯慈又不想再居留在人間，便獨自到天目山修道，服食胡麻，精思十七年之後，大洞真仙司命君才下降，傳授他三十六篇的道經。最後，服用還丹，白日昇天，成為玄一真人。

斯　神

　　因病而「改信」的例子，還有《道學傳》所提到的斯神。

　　據說，東晉成帝到孝武帝的時候（西元326–396年），在上虞、錢塘地區有兩名巫覡，一個叫龍稚，一個叫斯神。而當地的天師道團，由於祭酒杜炅（杜子恭）善於治病，吸引不少門徒，勢力鼎盛。然而，也

引來這兩名巫師的嫉妒，常常詆毀杜炅和天師道。不久之後，龍稚的妻子突然暴斃，斯神也得了「隱疾」。

在這種情況之下，這兩名巫師自覺是因為得罪道教的神靈，於是向杜炅悔過、歸誠。杜炅也替他們舉行首過、解謝的儀式，斯神的病才得以痊癒。

不過，斯神信道之心似乎不太堅定，改信之後，還偷偷藏著他早先做巫師時的服飾，因此，晚年時又生病，並再次向杜炅「首謝」，並將巫師的服飾拿到「道治」中燒掉，才恢復健康。

病中修道

因病而修道的道士之中，也有一些是在「入道」之後，或是因為宿疾未除，或是因為罹患新病，而更加堅定的苦修道法，或是向其他高明的道士（或仙人）求救，因而獲得醫治而痊癒，甚至因而「得道」。

李　整

《真誥》中曾經提到，魏元帝（於西元260–265年在位）的時候，有一位李整，曾經擔任官職，六十歲那一年辭官，入山修道。而他因為先前房事活動過度頻繁，以致有「風痺」的疾病，因此，入山之後，雖

然獲得「石腦」，卻必須在長期服用之後才漸漸看到成效。

無論如何，李整終究因為服食石腦治好他的宿疾，並因修練守一法和洞房之法而「得道」，在華陽山中主管民間善惡報應之事。

鄭子真

根據《真誥》的記載，東漢末年的大儒鄭玄有一個孫子叫做鄭子真，也是個修道有成的仙真。

據說，他早年剛剛入道的時候，兩腳長年無法正常舉動、行走。多年之後，因為修習針灸和一種兼有按摩、叩齒、咽液和咒語的「曲折祝法」，才在百日之後，治好痼疾。

陸修靜

陸修靜（西元406–477年）是六朝道教史上的重要人物，他的入道因緣相當值得注意。

他是吳國丞相陸凱的後代子孫，家世顯赫，曾經入仕為官，也有妻室兒女，但他卻在年輕時便學習「斷穀」，而且常常「別床獨處」。到了中年，更進一步「遺棄妻子」，不管世俗的事務，專心修道，後來甚至還到

雲夢山隱居。

這樣的歷程，可能是陸修靜心性「好道」使然。不過，從《道學傳》的記載來看，長年苦於「氣疾」，恐怕也是他想要修道的重要原因。當他要到雲夢山中時，其實病也還在，因此便帶藥入山，並且不時要下山買藥。

有一次，他放置藥物的房間突然失火，他的弟子想要加以撲滅，陸修靜卻加以制止，並且告訴弟子說，這是「冥道」（冥冥之中的神明）不許他持有藥物，他的病很快就能痊癒。果然，數日之後，他的「氣疾」便不藥而癒。這一次的經驗，似乎也使陸修靜揚棄使用針灸、藥物治病的作法，轉而支持使用齋醮之類的宗教療法。當然，他的信道、修道之心也更堅定。

許　謐

《真誥》中常常提到一位許長史，他其實叫做許謐（西元305–376年），字思玄，又叫許穆，因為曾經擔任護軍長史，因此，文獻中一般叫他許長史。據說，他原本信奉「帛家道」，後來改拜上清經派的楊羲（西元330–386年）為師，並且成為這個經派的第三代玄師。

許謐改投楊羲門下，可能是被楊羲的「降神」能力所吸引，不過，治病可能也是動機之一。因為，當他向楊羲求道的時候，已經年過六十，體衰多病。從相關的記載來看，入門之後，楊羲曾經以上清仙真的名義，指示許謐要用「五飲丸」治療「淡飲」之疾；用針灸、上章和「曲折之法」（包括存思、叩齒、咽液、咒語和按摩在內的一套療法）治療手部因「風患」所導致的「不授」、「不理」（也就是麻痺、無法舉動）；用按摩治療「耳目不聰明」的毛病；用上章的儀式斷絕「注鬼」的禍害或首謝神靈譴祟所導致的疾病。

許謐是不是因此而治好他的各種疾病，文獻並沒有清楚的交代，不過，終其一生，他始終精勤於奉道、修道，並且成為上清道法的主要傳承者。

劉　根

早期道教似乎可以說是中老年人的宗教，許多人都是在中年或晚年的時候才入道修行。至於中老年人入道的動機，有人是因為仕途不順或家庭變故，有人是因為去日無多，體悟塵世的功名利祿轉眼成煙，轉而追求更永恆的「生命」，希望能「得道」或肉體「不朽」。不過，中老年人的身體總不免有些毛病，因此，

修道生活的起點，其實大多是為了治病。《神仙傳》所記載的劉根的「學仙本末」便是一個很好的例子。

據說，劉根年輕的時候是一個儒生，在漢成帝綏和二年（西元前7年）舉孝廉，任官為郎中。後來，「棄世學道」，到嵩山石室修行。可是，任他「服藥」、「行氣」，始終毫無功效。直到後來在華陰山碰到仙人韓眾，才知道自己修道之前便已「髓不滿，血不煖，氣少腦減，筋息肉沮」，病根始終未除，因此，修道之後，道行始終沒有什麼進展。

韓眾還告訴他說，學道、求仙，必須先治病，十二年之後，才可以開始服食仙藥。最後，在韓眾的指示和傳授之下，劉根才循序漸進的治好痼疾，修成仙道。

魏華存

同樣的，上清經派的女性祖師魏華存（西元252-334年）也獲得類似的教訓。

魏華存出身世家，從小就「好道」，原想獨身修道，卻在二十四歲時被父母強迫嫁給劉文（劉幼彥），並生下劉璞、劉瑕二子。不過，她仍繼續在家奉道。後來，她的丈夫過世，兒子也都長大成人，仕宦為官，各有

圖26　王褒像

成就，她才專心修道，終於在八十三歲那年，得道昇天。

　　從《魏夫人傳》和杜光庭《集仙傳》的記載來看，魏華存在修道之初，也是身體有病，她的師父王褒（王君）（參見圖26）曾經告訴她，學道之人必須先「去疾除病」，才能進一步修練其他道法，因而賜她「甘草穀仙方」，讓她服用。由此可見，疾病的確被視為修道生活的一大障礙。

左仙公、赤中英

　　修道過程中的疾病，有些是修道前的痼疾，有些則是修道之後才有的新病。根據《登真隱訣》的記載，南極南嶽真人左仙公（左慈）（參見圖27）和太虛上真君赤中英（赤松子）剛學道的時候，在金華山忽然得了重病，而且一病十六年，後來，由於青童君傳授他

們《智慧消魔經》，在抱病諷誦三千遍之後，才治好疾病。

這段因緣，在《洞真太上說智慧消魔真經》中也曾經提到。據說，這部經典是由太上道君親自傳給青童君，要他傳給道士之中「宿命先有真名者」（也就是命中注定要成為仙真的道士）。青童君得到這部書之後，首先

圖27　左慈像

便傳授給在金華山修道卻久病不癒的赤松子。當初，赤松子得病之後，並不因為身體上的病痛感到悲傷，也不掛念生死的問題。他認為，這可能是六天的靈鬼在干擾他修道，或是上天派遣邪鬼令他生病，以試驗他修道的心志正或不正，因此，仍堅持修道，終於獲得救治而癒病、成仙。

鄧雲山

修道之時得病而獲得仙真治療的例子，還有《真

圖28　三茅君像

誥》中所提到的鄧雲山。

據說，鄧雲山修道多年，得道之前，兩手卻突然不聽使喚。於是上清的仙真保命君（三茅君之中的小茅君茅衷）（參見圖28）便告訴他，可以灸風彻和曲津這兩個地方。六、七日之後，鄧雲山便恢復知覺，可以修習五禽戲和按摩之術。

趙公成

《真誥》中還提到一位趙公成，情形也有點類似。

據說，趙公成在修道時，曾經罹患腳疾，兩腳無法站立、步行，連跪拜行禮都沒有辦法。不過，他奉道之心仍然非常堅定，早晚都在心裡默默「存拜」太上。經過三十年之後，太上真人於是賜他一劑「流明檀桓散」。服用之後，雙腳立刻可以站立、步行，後來還得道成仙。

習醫因緣

在瘟疫的衝擊之下，早期道教提出了別具一格的病因論，強調個人、社會（國家）、自然（宇宙）、超自然（鬼神）之間的互動關係，不僅將病因歸咎於個人的身體、情緒、生活和道德上的瑕疵，也強調社會和政治失序，將會帶給個人災難和病痛。總之，道教的病因觀，強調的是前人和今人，個體和群體之間，休戚與共、禍福相連的關係，以及道德和鬼神的主宰性。

同時，早期道教也提供了各式各樣的醫療方法，包括醫術（針灸、藥物）、巫術（符咒、祭禱、厭勝）、養生術（按摩、導引、服氣、存思、房中等）和宗教療法（首過、上章、廚會、齋醮、誦經、營建功德等），甚至還主張透過革命或政治改革來消弭瘟疫和疾病。

「醫療」因而也成為早期道士傳教的主要工具，他們大多積極的利用各種醫療方法替人治病，藉以吸引信徒、度化弟子、傳佈信仰、鞏固道團。因此，學習醫療方法，似乎成為當時每一個道士必有的功課。

然而，道士習醫，除了傳教的目的之外，其實也有相當強烈的「自利」動機。

營生之道

道士為了修道，大多無法從事農耕、工商之類的行業，也無法擔任官職或其他服務業的工作，而且，如果要建立道觀或煉丹，更需要大量的錢財。因此，除非原本就是富裕人家或是能獲得家人的支援之外，往往需要別人的供養或另謀生計。

在這種情況之下，從事醫療工作，便成為早期道士相當不錯的選擇。一方面，這種工作原本就是他們修道生活的一部分，也是他們的專長。另一方面，這種工作可以帶來相當可觀的利益。

以醫藥來說，在傳統中國社會中，往往有人因為聘請醫者治病而耗盡家財，可見醫者是有利可圖，甚至是可以致富的行業。事實上，我們的確看到，有一些道士曾經入山採藥，然後在都市、市集中「賣藥」，有一些還替人診治疾病，以收取酬勞。

其次，如果是使用符咒、齋醮科儀的宗教療法替人治病，病者或其家屬通常必須以禮物或金錢酬謝主持和參與儀式的道士。接受與否則由道士決定。

此外，如果道士擅於治病，往往會聲名遠播，吸引不少群眾投入門下，成為其弟子或隨從，生活起居便有人照料。弟子或信徒之中，若有帝王將相、皇親國戚、高官顯貴、士紳富豪，則道士所能獲得的供養更是豐厚，不僅自己可以不愁衣食，其門生弟子也能獲得照料。事實上，在南北朝之後，道教的宮觀逐漸增多，所擁有的財富也漸次累積，經濟規模雖然不如佛教的寺院，但也不容忽視。

自救之道

葛洪主張，醫療是道士的必修之術，而且，習醫主要不是為了救人而是要自救。

道士修道雖然可以治病、強身，有時候也是為了這個目的才入道。可是，修道生活卻也充滿危險，往往成為致病的緣由。

以飲食來說，「辟穀」、「服餌」、煉丹、服丹是許多道士日常的功課。但是，這樣的飲食習慣或服食丹藥的行為，卻很容易產生不良的後果。有時候會產生營養不良所導致的種種病症。有時候會有腸胃和消化器官方面的毛病（尤其是服食礦物類的藥物時）。有時候則會產生藥物中毒（尤其是鉛和水銀方面的毒害）。

其次，在性方面，有些道派講求房中術，但稍一不慎，可能變成縱欲過度，損害健康，甚至如一些道士所警告的，精盡而亡。至於反對房中術，主張禁欲、守貞、清修的道派，其實也有危險。因為，無論是道書還是醫書都曾經指出，如果不能真正做到清心寡欲，過度壓抑性欲其實反而有害健康，嚴重的話，還會產生「鬼交」病，如果不即時治療，還會危害生命。

此外，「存思」對於某些道派來說，是至高無上的道法，也是治病的良方。但是，這種方法往往涉及玄妙的呼吸控制、行氣、冥想和精神方面的操控，稍有不慎，容易導致精神方面的疾病。像《太平經》中所提到的，因有邪心惡意而導致「中邪」或癲狂，或是後來內丹派所說的「走火入魔」，就是這一類的疾病。

至於當時成為風潮的山林生活更是充滿危險。道士入山隱居修道，一方面是希望找到道教信仰中的「洞天福地」，直接進入仙境，或是接遇仙真，以便求得仙丹妙方。另一方面是因為山中有道士修練所需的各種藥材，無論是靈芝、黃連之類的草本之藥，還是硫磺、丹砂之類的煉丹藥材，大多必須在山中採集。當然，避開塵世的種種煩擾，也是主要的考量。

可是，山林生活相當不容易，有蟲蛇猛獸之害，

有爬山涉水時的意外，有風寒雨露的傷害，有瘴癘毒氣的威脅。此外，根據道教的信仰，山林之中還會有山神、鬼怪、精魅、妖邪出沒害人。

因此，醫療的確是一個道士的必修功課。無論是巫術、醫術、養生術，還是道教獨創的一些宗教療法，道士往往有機會用來自保、自救，或是醫護一起修道的道侶。

成仙之道

無論是救人還是自救，道士習醫，應該還有一個更高層次的動機，那就是為了成為神仙。

前面所提到的一些故事曾經指出，有些道士認為，修習仙道、服用仙藥金丹之前，必須先治好體內的疾病，否則會徒勞無功，尤其是體內的三尸蟲，更是成仙的一大障礙。換句話說，邁向神仙之路的第一步便是除疾治病，因此，學習醫療之術以治療自己的疾病，其實最終的目標還是在於成仙。

另一方面，我們也知道，早期多數的道派並不認為人人都有資格成仙。只有那些命中已注定的，在仙曹中有著籍名錄的，有仙風道骨的人，才有機會。但是，有宿命，有潛力，有資質仍不足以成仙，還必須

經過一段拜師學習，精勤修道和測試考驗的歷程，以及「積累功德」，才可能獲得仙人的保荐，加入仙真的行列，在天廷、仙界任職。而所謂的「功德」，其實就是指各種善行，其中便包括行醫治病、活人性命。因此，道士習醫救人，其實也是在鋪設自己昇仙的階梯。

結語：傳統或現代

　　道教在中國社會中至少已經存活了一千八百多年，傳入臺灣社會應該也有三百多年的歷史，已經不能說是一個「新興」宗教了。但是，早期道教所提出的病因觀念和醫療方法，道士為了自救、救人而學習醫療之道，並積極以醫療傳道佈教的作為，卻不曾成為陳年往事、過眼雲煙。相反的，疾病、醫療和宗教之間，彼此糾纏不清的情形，伴隨著道教現身於歷史舞臺之後，始終不曾消聲匿跡、黯然失色。

　　經過東漢晚期到六朝末年的長時間錘擊，那一段四百年左右的歷史經驗，已經變成中國文化傳統中很難割離的血肉和經脈。那一段經驗，是在瘟疫的衝擊下，在死亡的陰影裡，在痛苦、悲慟的歲月中形成。也是在巫術、醫術、養生術和神仙術相互較勁，彼此採借的情景下形成。

　　在道士的融通之下，個人與群體，前人與今人，他人與自我，社會與自然，自然與超自然，體內與體外，善惡與鬼神，道德與疾病，宗教與醫療，莫不環

環相扣，息息相關，結為一體。

這樣的傳統，對我們而言，不知道是即將消逝的幽靈？還是威儀赫赫的厲鬼？不知道是思想的桎梏？還是心靈的翅膀？也許，「未來」將會給我們一個答案。

附　表

附表一　東漢時期（西元25–220年）疾疫流行年表

時　間		疾疫流行之情形	史料出處
皇帝紀年	西　元		
光武帝建武十三年	37	揚徐部大疾疫，會稽江左甚。	《續》卷17，頁2250，注引《古今注》。
光武帝建武十四年	38	會稽大疫。	《後》卷1下，頁64。
光武帝建武二十六年	50	郡國七大疫。	《續》卷17，頁3350，注引《古今注》。
安帝元初六年	119	夏四月，會稽大疫，遣光祿大夫將太醫循行疫病，賜棺木，除田租、口賦。	《後》卷5，頁230。
安帝延光四年	125	是冬，京師大疫。	《後》卷5，頁242。
順帝	126	春正月甲寅詔曰：「姦	《後》卷6，

永建元年		愍緣閒，人庶怨讟，上干和氣，疫癘為災。」(十一月)甲辰，詔以疫癘水療，令人半輸今年田租。	頁251–253。
桓帝元嘉元年	151	春正月，京師疾疫，使光祿大夫將醫藥案行。二月，九江、盧江大疫。	《後》卷7，頁296–297。
桓帝延熹四年	161	春正月，大疫。	《後》卷7，頁308。
桓帝延熹九年	166	(正月)己酉，詔曰：「比歲不登，民多飢窮，又有水旱疾疫之困。」	《後》卷7，頁317。
桓帝建寧四年	171	(三月)大疫，使中謁者巡行致醫藥。	《後》卷8，頁322。
靈帝熹平二年	173	春正月，大疫，使使者巡行致醫藥。	《後》卷8，頁334。
靈帝光和二年	179	春，大疫，使常侍、中謁者巡行致醫藥。	《後》卷8，頁342。
靈帝光和五年	182	二月，大疫。	《後》卷8，頁346。
靈帝	185	春正月，大疫。	《後》卷8，

中平二年			頁351。
獻帝建安二十二年	217	是歲大疫。	《後》卷9，頁389。

備註：

一、《後》指范曄《後漢書》（新校本)，《續》指司馬彪《續漢書志》。

二、本表所顯示的只是開始流行的年月，至於止息時間則未可知，可能有持續數年的情形。

附表二　三國時期(西元220-265年)大疫流行年表

時　間		疾疫流行之情形	史料出處
皇帝紀年	西　元		
魏文帝黃初三年	222	車駕幸宛，使(夏侯)尚率諸軍與曹真共圍江陵。……水陸並攻，破之。城未拔，會大疫。	《三國志》，卷9，〈夏侯尚傳〉，頁294。
魏文帝黃初四年	223	三月「大疫」，「宛、許大疫，死者萬數」。	《三國志》，卷2，〈文帝紀〉，頁82；《宋書》，卷34，〈五行志〉，頁1009。
魏明帝青龍二年	234	「夏四月，大疫」，「是年夏及冬，大疫」。	《三國志》，卷3，〈明帝紀〉，頁101；《晉書》，卷13，〈天文志〉，頁362。
魏明帝青龍三年	235	春正月「京都大疫」。	《三國志》，卷3，〈明帝

			紀〉,頁104。
吳大帝 赤烏五年	242	「是歲大疫」。	《三國志》, 卷 47 ,〈孫 權傳〉, 頁 1145。
孫亮 建興二年	253	「夏四月,（諸葛恪） 圍新城, 大疫, 兵卒 死者大半」。	《三國志》, 卷 48 ,〈孫 亮傳〉, 頁 1152。

附表三　西晉時期(西元265–316年)大疫流行年表

時間		疾疫流行之情形	史料出處
皇帝紀年	西元		
孫皓鳳凰元年至三年	272–274	「自改年及是歲，連大疫」。	《三國志》，卷48，〈孫皓傳〉，頁1170。
晉武帝泰始十年	274	「大疫，吳土亦同」。	《宋書》，卷34,〈五行志〉，頁1009。
晉武帝咸寧元年	275	「十一月，大疫，京都死者十萬人」；十二月「大疫，洛陽死者太半」。	《晉書》，卷3,〈武帝紀〉，頁65;《宋書》，卷34,〈五行志〉，頁1009。
晉惠帝元康二年	292	「冬十一月，大疫」。	《晉書》，卷4,〈惠帝紀〉，頁92。
晉惠帝元康六年	296	十一月「關中饑，大疫」。	《晉書》，卷4,〈惠帝紀〉，頁94。

晉懷帝 永嘉四年	310	十一月「襄陽大疫，死者三千餘人」。	《晉書》，卷5，〈孝懷帝紀〉，頁121。
晉懷帝 永嘉六年	312	「是歲大疫」。	《晉書》，卷5，〈孝懷帝紀〉，頁124。

附表四　「東晉・十六國」時期（西元317–420年）
　　　　大疫流行年表

時　間		疾疫流行之情形	史料出處
皇帝紀年	西　元		
晉元帝 永昌元年	322	「冬十月，大疫，死者十二三」。	《晉書》，卷6，〈元帝紀〉，頁156。
晉穆帝 永和六年	350	「是歲大疫」。	《晉書》，卷8，〈穆帝紀〉，頁197。
晉穆帝 永和九年	353	「五月，大疫」。	《晉書》，卷8，〈穆帝紀〉，頁199。
晉廢帝 太和四年	369	「冬，大疫」。	《宋書》，卷34，〈五行志〉，頁1010。
晉孝武帝 太元四年	379	「三月，大疫」。	《晉書》，卷9，〈孝武帝紀〉，頁229。
晉孝武帝 太元五年	380	「自冬大疫，至于此夏，多絕戶者」。	《宋書》，卷34，〈五行志〉，頁1010。

北魏道武帝皇始二年	397	八月「帝自魯口進軍常山之九門。時大疫,人馬牛多死。帝問疫於諸將,對曰:『在者纔十四五』」。	《魏書》,卷2,〈太祖紀〉,頁30。
晉安帝義熙元年	405	「十月,大疫,至發赤班乃愈」。	《宋書》,卷34,〈五行志〉,頁1010。
晉安帝義熙七年	411	「春,大疫」。	《宋書》,卷34,〈五行志〉,頁1010。

附表五 南北朝時期（西元420-589年）大疫流行年表

時　間		疾疫流行之情形	史料出處
皇帝紀年	西元		
北魏明元帝泰常八年	423	夏四月「士眾大疫，死者十二三」。	《魏書》，卷3，〈太宗紀〉，頁63；卷105，〈天象志〉，頁2399。
北魏文成帝和平元年	460	「六月，諸將討吐谷渾什寅，遂絕河窮躡之，會軍大疫乃還」。	《魏書》，卷105，〈天象志〉，頁2408。
北魏獻文帝皇興元年；宋明帝泰始四年	468	夏「天下大疫」；「其年普天大疫」。	《魏書》，卷105，〈天象志〉，頁2411；《宋書》，卷26，〈天文志〉，頁756。
北魏宣武帝永平三年	510	「夏四月，平陽郡之禽昌、襄陵二縣大疫，	《魏書》，卷8，〈世宗

		自正月至此月，死者二千七百三十人」。	紀〉，頁209；卷105，〈天象志〉，頁2433；卷112，〈靈徵志〉，頁2916。
北齊後主天統元年	565	是歲「河南大疫」。	《北齊書》，卷8，〈後主紀〉，頁98。

參考書目

傳統文獻

丹波康賴，《醫心方》，北京：人民衛生出版社，1955年翻印。

王世貞輯次，汪雲鵬校梓，《列仙全傳》《有象列仙全傳》），明萬曆二十八年(1600)刊本。

王充，《論衡》（劉盼遂集解，《論衡集解》），臺北：世界書局，1975。

王符，《潛夫論》（四部備要本），臺北：臺灣中華書局，1981。

王謨輯，《增訂漢魏叢書》，臺北：大化書局，1983。

未名，《上清黃書過度儀》，收入《正統道藏》，臺北：新文豐出版公司，1977年據涵芬樓本翻印，第55冊，涵芬樓本原編序號1009。

未名，《女青鬼律》，收入《正統道藏》，臺北：新文豐出版公司，1977年據涵芬樓本翻印，第30冊，涵芬樓本原編序號563。

未名，《太上洞淵神咒經》，收入《正統道藏》，臺北：新

文豐出版公司，1977年據涵芬樓本翻印，第10冊，涵
芬樓本原編序號170–173。

未名，《太平經》（王明，《太平經合校》），北京：中華書
局，1960。

未名，《赤松子章曆》，收入《正統道藏》，臺北：新文豐
出版公司，1977年據涵芬樓本翻印，第18冊，涵芬樓
本原編序號335–336。

未名，《洞真太上說智慧消魔真經》，收入《正統道藏》，
臺北：新文豐出版公司，1977年據涵芬樓本翻印，第
56冊，涵芬樓本原編序號1032。

未名，《洞真黃書》，收入《正統道藏》，臺北：新文豐出
版公司，1977年據涵芬樓本翻印，第56冊，涵芬樓本
原編序號1031。

未名，《新刻出像增補搜神記大全》，明萬曆年間(1573–
1620)金陵三山唐氏富春堂刊本。

未名，《繪圖三教源流搜神大全》，清宣統元年(1909)郎園
刊本。

石園主人編輯，《繪圖歷代神仙傳》，清康熙庚辰年（三十
九年）(1700)刊本。

朱法滿，《要修科儀戒律鈔》，收入《正統道藏》，臺北：
新文豐出版公司，1977年據涵芬樓本翻印，第11冊，

涵芬樓本原編序號204–207。

李延壽,《南史》,點校本,北京:中華書局,1973。

見素子,《洞仙傳》(嚴一萍輯,《洞仙傳》,收入氏編,《道
　　教研究資料》,第一輯),臺北:藝文印書館,1991年,
　　再版。

房玄齡等,《晉書》,點校本,北京:中華書局,1974。

范曄,《後漢書》,點校本,北京:中華書局,1965。

徐氏,《三天內解經》,收入《正統道藏》,臺北:新文豐
　　出版公司,1977年據涵芬樓本翻印,第48冊,涵芬樓
　　本原編序號876。

班固,《漢書》,點校本,北京:中華書局,1962。

馬樞,《道學傳》(陳國符輯,《道學傳輯佚》,收入氏著,
　　《道藏源流考》),北京:中華書局,1963。

寇謙之,《老君音誦誡經》,收入《正統道藏》,臺北:新
　　文豐出版公司,1977年據涵芬樓本翻印,第30冊,涵
　　芬樓本原編序號562。

張機,《傷寒論》(晉・王叔和撰次,《註解傷寒論》),臺
　　北:臺灣商務印書館,1979。

曹植,《曹集詮評》(丁晏編,《曹集詮評》),臺北:臺灣
　　商務印書館,1978。

陸修靜,《太上洞玄靈寶授度儀》,收入《正統道藏》,臺

北：新文豐出版公司，1977年據涵芬樓本翻印，第16
冊，涵芬樓本原編序號294。

陸修靜，《洞玄靈寶五感文》，收入《正統道藏》，臺北：
新文豐出版公司，1977年據涵芬樓本翻印，第55冊，
涵芬樓本原編序號1004。

陸修靜，《陸先生道門科略》，收入《正統道藏》，臺北：
新文豐出版公司，1977年據涵芬樓本翻印，第41冊，
涵芬樓本原編序號761。

陶弘景編，《養性延命錄》，收入《正統道藏》，臺北：新
文豐出版公司，1977年據涵芬樓本翻印，第31冊，涵
芬樓本原編序號572。

陶弘景編，《真誥》，收入《正統道藏》，臺北：新文豐出
版公司，1977年據涵芬樓本翻印，第35冊，涵芬樓本
原編序號637–640。

陶翊，〈華陽隱居先生本起錄〉，收載張君房，《雲笈七籤》
（收入《正統道藏》，臺北：新文豐出版公司，1977
年據涵芬樓本翻印，第37–38冊，涵芬樓本原編序號
677–702），卷107，頁1下–11下。

葛洪，《抱朴子內篇》（王明，《抱朴子內篇校注》，增訂本），
北京：中華書局，1985。

葛洪，《神仙傳》，臺北：廣文書局，1989。

劉向，《列仙傳》（王叔岷，《列仙傳校箋》），臺北：中央
　　研究院中國文哲研究所籌備處，1995。

蕭統編，《文選》（李善等注，《增補六臣注文選》），臺北：
　　漢京文化事業有限公司，1983。

應劭，《風俗通義》（王利器校注，《風俗通義校注》），臺
　　北：明文書局，1982。

魏收，《魏書》，點校本，北京：中華書局，1974。

魏徵等，《隋書》，點校本，北京：中華書局，1973。

嚴可均輯，《全上古三代秦漢三國六朝文》，京都：中文出
　　版社，1981。

釋僧佑，《弘明集》，收入高楠順次郎、渡邊海旭編，《大
　　正新修大藏經》，東京：大正一切經刊行會，1924–
　　1934，第52卷，no. 2102。

近人著作

中、日文

丁煌，〈漢末三國道教發展與江南地緣關係初探 —— 以張
　　陵天師出生地傳說、江南巫俗及孫吳政權與道教關係
　　為中心之一般考察 ——〉，《歷史學報（成大）》，13
　　(1987)，頁155–208。

大淵忍爾，《道教史の研究》，岡山：岡山大學共濟會，1964。

小林正美，《六朝道教史研究》，東京：創文社，1990。

孔祥星、劉一曼，《中國古代銅鏡》，北京：文物出版社，
　　1988。

王明，《道教和道家思想研究》，重慶：中國社會科學出版
　　社，1984。

石井昌子，《道教學の研究 —— 陶弘景を中心に》，東京：
　　國書刊行會，1980。

任繼愈主編，《中國道教史》，上海：上海人民出版社，1990。

任繼愈主編，《道藏提要》，北京：中國社會科學出版社，
　　1991。

吉川忠夫編，《六朝道教の研究》，東京：春秋社，1998。

吉元昭治，《道教と不老長壽の醫學》，東京：平河出版社，
　　1989。

吉岡義豐，《吉岡義豐著作集》，東京：五月書房，1988。

吉岡義豐，《道教と佛教‧第三》，東京：國書刊行會，1976。

成寅編，《中國神仙畫像集》，上海：上海古籍出版社，1996。

坂出祥伸，《氣と養生：道教の養生術と咒術について》，
　　京都：人文書院，1993。

坂出祥伸，《道教と養生思想》，東京：ぺりかん社，1992。

余英時，《中國知識階層史論‧古代篇》，臺北：聯經出版
　　事業公司，1980。

李建民，《死生之域 —— 周秦漢脈學之源流》，臺北：中央
　　研究院歷史語言研究所，2000。

李零，《中國方術概觀‧房中卷》，北京：人民中國出版社，
　　1993。

李豐楙，〈《道藏》所收早期道書的瘟疫觀 —— 以《女青鬼
　　律》及《洞淵神咒經》系為主〉，《中國文哲研究集刊》，
　　3 (1993)，頁417–454。

李豐楙，〈六朝道教的度救觀 —— 真君、種民與度世〉，《東
　　方宗教》，新5 (1996)，頁138–160。

李豐楙，〈傳承與對應：六朝道經中「末世」說的提出與
　　衍變〉，《中國文哲研究集刊》，9 (1996)，頁91–130。

李豐楙，《六朝隋唐仙道類小說研究》，臺北：臺灣學生書
　　局，1986。

李豐楙，《許遜與薩守堅：鄧志謨道教小說研究》，臺北：
　　臺灣學生書局，1997。

李豐楙、朱榮貴編，《儀式、廟會與社區：道教、民間信
　　仰與民間文化》，臺北：中央研究院中國文哲研究所
　　籌備處，1996。

周一謀等，《馬王堆醫學文化》，上海：文匯出版社，1994。

岡西為人，《宋以前醫籍考》，臺北：古亭書屋，1969年翻
　　印。

林富士，〈試釋睡虎地秦簡中的「癘」與「定殺」〉，《史原》，15 (1986)，頁1-38。

林富士，〈試論漢代的巫術醫療法及其觀念基礎〉，《史原》，16 (1987)，頁29-53。

林富士，《漢代的巫者》，臺北：稻鄉出版社，1988初版，1999年新版。

林富士，〈試論《太平經》的疾病觀念〉，《中央研究院歷史語言研究所集刊》，62: 2 (1993)，頁225-263。

林富士，《孤魂與鬼雄的世界——北臺灣的厲鬼信仰》，臺北：臺北縣立文化中心，1995。

林富士，〈東漢晚期的疾疫與宗教〉，《中央研究院歷史語言研究所集刊》，66: 3 (1995)，頁724-729。

林富士，〈六朝時期民間社會所祀「女性人鬼」初探〉，《新史學》，7: 4 (1996)，頁95-117。

林富士，〈試論《太平經》的主旨與性質〉，《中央研究院歷史語言研究所集刊》，69: 2 (1998)，頁205-244。

林富士，〈傳統中國社會對於「老年」門檻的界定——以漢唐之間的文獻為主的初步探討〉，收入《鄭欽仁教授退休紀念論文集》(臺北：稻鄉出版社，1999)，頁17-43。

林富士，〈中國六朝時期的巫覡與醫療〉，《中央研究院歷

史語言研究所集刊》，70: 1 (1999)，頁1–48。

林富士，《小歷史 —— 歷史的邊陲》，臺北：三民書局，2000。

林富士，〈試論中國早期道教對於醫藥的態度〉，《臺灣宗教研究》，1: 1 (2000)，頁107–142。

林富士，〈頭髮、疾病與醫療 —— 以漢唐之間的醫學文獻為主的初步探討〉，《中央研究院歷史語言研究所集刊》，71: 1 (2000)，頁67–235。

林富士，〈「疾病的歷史」研究芻議〉，中央研究院歷史語言研究所主辦，「疾病的歷史」研討會（臺北：中央研究院歷史語言研究所，2000年6月16–18日）。

林富士，〈中國六朝時期的蔣子文信仰〉，收入傅飛嵐(Franciscus Verellen)、林富士編，《遺跡崇拜與聖者崇拜》（臺北：允晨，2000），頁163–204。

林富士，〈疾病與「修道」：中國早期道士「修道」因緣考釋之一〉，《漢學研究》，19: 1 (2001)，頁137–165。

林富士，〈略論早期道教與房中術的關係〉，《中央研究院歷史語言研究所集刊》，72: 2 (2001)，頁233–300。

林富士，〈中國早期道士的醫療活動及其醫術考釋：以漢魏晉南北朝時期的「傳記」資料為主的初步探討〉(2001)（待刊稿）。

林麗雪，《抱朴子內外篇思想析論》，臺北：臺灣學生書局，

1980。

俞慎初,《中國痲瘋病學》,上海:復興中醫社,1941。

柳存仁,《和風堂新文集》,臺北:新文豐出版公司,1997。

秋月觀暎,《中國近世道教の形成》,東京:創文社,1978。

胡孚琛,《魏晉神仙道教》,北京:人民出版社,1989。

胡孚琛主編,《中華道教大辭典》,北京:中國社會科學出
　　版社,1995。

范行準,《中國病史新義》,北京:中醫古籍出版社,1989。

范行準,《中國預防醫學思想史》,北京:人民衛生出版社,
　　1953。

范行準,《中國醫學史略》,北京:中醫古籍出版社,1986。

范家偉,〈東晉至宋代腳氣病之探討〉,《新史學》, 6: 1
　　(1995), 頁155–177。

范家偉,〈漢唐時期瘧病與瘧鬼〉,中央研究院歷史語言研
　　究所主辦,「疾病的歷史」研討會(臺北:中央研究
　　院歷史語言研究所,2000年6月16–18日)。

韋伯(Max Weber)著,康樂、簡惠美譯,《印度的宗教:印
　　度教與佛教》,臺北:遠流,1996。

卿希泰,《中國道教思想史綱・第一卷・漢魏兩晉南北朝
　　時期》,成都:四川人民出版社,1980。

卿希泰,《道教文化新探》,成都:四川人民出版社,1988。

卿希泰、詹石窗主編，《道教文化新典》，上海：上海文藝
　　出版社，1999。

卿希泰編，《道教與中國傳統文化》，臺北：中華道統出版
　　社，1996。

唐長孺，《魏晉南北朝史論拾遺》，北京：中華書局，1983。

唐長孺，《魏晉南北朝史論叢》，北京：三聯書店，1955。

宮川尚志，《中國宗教史研究‧第一》，京都：同朋舍，1983。

馬伯英，《中國醫學文化史》，上海：上海人民出版社，1994。

馬繼興，《馬王堆古醫書考釋》，長沙：湖南科學技術出版
　　社，1992。

高佩羅(Robert H. van Gulik)著，楊群譯，《秘戲圖考 ── 附
　　論漢代至清代的中國性生活》，廣州：廣東人民出版
　　社，1992。

高羅佩(Robert H. van Gulik)著，李零、郭曉惠等譯，《中
　　國古代房內考》，上海：上海人民出版社，1990。

國立故宮博物院編輯委員會編，《長生的世界：道教繪畫
　　特展圖錄》，臺北：國立故宮博物院，1996。

梁上椿編，《巖窟藏鏡》，北京：編者自印，1941。

梁其姿，〈中國麻風病概念演變的歷史〉，《中央研究院歷
　　史語言研究所集刊》，70: 2 (1999)，頁399–438。

梁啟超，《中國歷史研究法補編》，臺北：臺灣商務印書館，

1966。

梅原末治,《漢三國六朝紀年鏡圖說》,京都: 桑名文星堂,
　　1943。

許地山,《道教史》,臺北: 牧童出版社, 1976。

陳邦賢,《中國醫學史》,上海: 商務印書館, 1937。

陳國符,《道藏源流考》,北京: 中華書局, 1963。

陳寅恪,〈天師道與濱海地域之關係〉,《中央研究院歷史
　　語言研究所集刊》, 3 (1933), 頁439–466。

陳勝崑,《中國疾病史》,臺北: 自然科學文化事業公司,
　　1981。

陳勝崑,《中國傳統醫學史》,臺北: 橘井文化事業股份有
　　限公司, 1992。

陳勝崑,《赤壁之戰與傳染病 —— 論中國歷史上的疾病》,
　　臺北: 明文書局, 1983。

富育光、孟慧英,《滿族薩滿教研究》,北京: 北京大學出
　　版社, 1991。

朝鮮總督府編,《朝鮮の巫覡》,東京: 國書刊行會, 1972。

湯一介,《魏晉南北朝時期的道教》,臺北: 東大圖書公司,
　　1988。

湯用彤,《湯用彤學術論文集》,北京: 中華書局, 1983。

楊聯陞,〈老君音誦誡經校釋: 略論南北朝時代的道教清

整運動〉，《中央研究院歷史語言研究所集刊》，28上
　　（1956），頁17–54。

葛兆光，《道教與中國文化》，上海：上海人民出版社，1987。

廖育群，〈關於中國古代的腳氣病及其歷史的研究〉，中央
　　研究院歷史語言研究所主辦，「疾病的歷史」研討會
　　（臺北：中央研究院歷史語言研究所，2000年6月16–
　　18日）。

廖育群主編，《中國古代科學技術史綱：醫學卷》，瀋陽：
　　遼寧教育出版社，1996。

福井康順，《福井康順著作集·第二卷：道教思想研究》，
　　京都：法藏館，1987–1990。

福永光司，《道教思想史研究》，東京：岩波書店，1987。

窪德忠，《庚申信仰の研究》，東京：原書房，1980。

窪德忠，《道教百話 —— 仙人へのあこがれ》，東京：世界
　　聖典刊行協會，1983。

窪德忠，《道教の世界》，東京：學生社，1987。

蒲慕州，《追尋一己之福：中國古代的信仰世界》，臺北：
　　允晨，1995。

劉長樂等編，《中華古文明大圖集》，北京：人民日報出版
　　社、樂天文化公司、宜新文化公司，1992。

劉昭民，《中國歷史上氣候之變遷》，臺北：臺灣商務印書

館，1982。

劉達臨編著，《中國歷代房內考》，北京：中醫古籍出版社，
　　1998。

鄭曼青、林品石編著，《中華醫藥學史》，臺北：臺灣商務
　　印書館，1982。

蕭璠，〈中國歷史上的一些生活方式與幾種消化道寄生蟲
　　病的感染〉，中央研究院歷史語言研究所主辦，「疾病
　　的歷史」研討會（臺北：中央研究院歷史語言研究所，
　　2000年6月16–18日）。

蕭璠，〈漢宋間文獻所見古代中國南方的地理環境與地方
　　病及其影響〉，《中央研究院歷史語言研究所集刊》，
　　63: 1 (1993)，頁67–171。

蕭璠，〈關於歷史上的一種人體寄生蟲 —— 曼氏裂頭蚴
　　病〉，《新史學》，6: 2 (1995)，頁45–66。

錢穆，《中國學術思想史論叢》，第三冊，臺北：東大圖書
　　公司，1977。

饒宗頤，《老子想爾注校證》，上海：上海古籍出版社，1991。

櫻井德太郎，《日本シャマニズムの研究》，東京：吉川弘
　　文館，1988。

櫻井德太郎，《東アジアの民俗宗教》，東京：吉川弘文館，
　　1988。

龔鵬程，《道教新論》，嘉義：南華管理學院，1998。

歐美語文

Appleby, Andrew B. "Disease, Diet, and History," *Journal of Interdisciplinary History*, 8:4(Spring, 1978), pp. 725–735.

Appleby, Andrew B. "Epidemics and Famine in the Little Ice Age," *Journal of Interdisciplinary History*, 10: 4 (Spring, 1980), pp. 643–663.

Chang, Chia-feng. "Aspects of Smallpox and Its Significance in Chinese History," Ph.D. Dissertation, SOAS, University of London, 1996.

Crosby, Alfred W. *Ecological Imperialism: The Biological Expansion of Europe, 900–1900*. Cambridge: Cambridge University Press, 1990.

Curtin, Philip D. *Death by Migration: Europe's Encounter with the Tropical World in the Nineteenth Century*. Cambridge: Cambridge University Press, 1989.

Eliade, Mircea. *Shamanism: Archaic Techniques of Ecstasy*, translated by Willard R. Trask. Princeton: Princeton University Press, 1972.

Halifax, Joan. *Shaman: The Wounded Healer*. New York:

The Crossroad Publishing Company, 1982.

Henschen, Folke. *The History and Geography of Diseases*, translated by Joan Tate. New York: Delacorte Press, 1966.

Holzman, Donald. "Ts'ao Chih and the Immortals," *Asia Major*, third series, 1: 1 (1988), pp. 15–57.

Katz, Paul. *Demon Hordes and Borning Boats: The Cult of Marshal Wen in Late Imperial Chekiang*. Albany: SUNY Press, 1995.

Kiple, Kenneth F. ed. *The Cambridge World History of Human Disease*. New York: Cambridge University Press, 1993.

Kohn, Livia ed. *Taoist Meditation and Longevity Techniques*. Ann Arbor: Center for Chinese Studies, The University of Michigan, 1989.

Lewis, I. M. *Ecstatic Religion: A Study of Shamanism and Spirit Possession*, second edition. London and New York: Routledge, 1989.

Lilienfeld, Abraham M. and David E. Lilienfeld. *Foundations of Epidemiology*, second edition. New York and Oxford: Oxford University Press, 1980.

Lin, Fu-shih. "Chinese Shamans and Shamanism in the Chi-ang-nan Area during the Six Dynasties Period (3rd–6th Century A.D.)," Ph.D. dissertation, Princeton: Princeton University, 1994.

Maspero, Henri. *Taoism and Chinese Religion*, translated by Frank A. Kierman, Jr. Amherst: The University of Massachusetts Press, 1981.

McNeill, William H. *Plagues and Peoples*. New York: Doubleday, 1976.

Post, John D. *Food Shortage, Climatic Variability, and Epidemic Disease in Preindustrial Europe: The Mortality Peak in the Early 1740s*. Ithaca and London: Cornell University. Press, 1985.

Prinzing, Friedrich. *Epidemics Resulting from Wars*. Oxford: Oxford University Press, 1916.

Taussig, Michael. *Shamanism, Colonialism, and the Wild Man: A Study in Terror and Healing*. Chicago and London: The University of Chicago Press, 1987.

Unschuld, Paul U. *Medicine in China: A History of Ideas*. California: University of California Press, 1985.

Van Straten, N. H. *Concepts of Health, Disease and Vitality in Traditional Chinese Society*. Wiesbaden: Steiner, 1983.

Welch H. and A. Seidel eds. *Facets of Taoism: Essays in Chinese Religion*. New Haven and London: Yale University Press, 1976.

Zinsser, H. *Rats, Lice and History: The Biography of a Bacillus*. Boston: Little, Brown and Company, 1934.

圖片出處

彩　圖

內頁插圖

文明叢書──

把歷史還給大眾，讓大眾進入文明！

文明並不遙遠、艱澀，
而是人類生活的軌跡；
經由不同的角度與層次，
信手拈來都是文明；
歷史不再蹲踞於學院的高塔，
走入社會，行向更寬廣的天地。

文明叢書 1

蠻子、漢人與羌族

王明珂／著

在中國西南的溝寨裡，羌人世代生息；傳說他們是
大禹的子孫，也有人說日本人正是羌族的後代。歷
史的多舛，帶來認同的曲折，作者從第一手的田野
經驗出發，帶您探索羌族族群建構的旅程，讓您重
新認識這群純樸的邊疆朋友。

文明叢書 2

粥的歷史

陳元朋／著

一碗粥，可能是都會男女的時髦夜點，也可能是異
國遊子的依依鄉愁；可以讓窮人裹腹、豪門鬥富，
也可以是文人的清雅珍味、養生良品。一碗粥裡面
有多少的歷史？喝粥，純粹是為口腹之慾，或是文
化的投射？粥之清是味道上的淡薄，還是心境上的
淡泊？吃粥的養生之道何在？且看小小一碗粥裡藏
有多大的學問。

佛教與素食

康 樂／著

雖說「酒肉穿腸過，佛祖心中留」，但是當印度的素食觀傳入中國變成全面的禁斷酒肉，肉食由傳統祭祀中重要的一環，反成為不潔的象徵。從原始佛教的不殺生到中國僧侶的茹素，此一演變的種種關鍵為何？又是什麼樣的力量左右了這一切？

慈悲清淨
——佛教與中古社會生活

劉淑芬／著

你知道嗎？早在西元六世紀的中國，就已經出現了有如今日「慈濟功德會」一樣的民間團體。他們本著「夫釋教者，以清淨為基，慈悲為主」的理念，施濟於貧困中的老百姓，一如當代的「慈濟人」。透過細膩的歷史索隱，本書將帶您走入中古社會的佛教世界，探訪這一道當時百姓心中的聖潔曙光。